Xpeed
일본어

[초급에서 중급까지]
한 달 만에 한 권으로 완전 마무리
Xpeed 일본어

초판 1쇄 인쇄 2010년 3월 15일
초판 1쇄 발행 2010년 3월 20일

지은이 | 기구찌 마사끼(木口政樹), 박동균(朴東均)
펴낸이 | 金泰奉
펴낸곳 | 한솜미디어
등 록 | 제5-213호

편 집 | 박창서, 김주영, 김미란, 이혜정
마케팅 | 김영길, 김명준
홍 보 | 장승윤

주 소 | (우143-200) 서울시 광진구 구의동 243-22
전 화 | (02)454-0492
팩 스 | (02)454-0493
이메일 hansom@hansom.co.kr
홈페이지 www.hansom.co.kr

값 10,000원
ISBN 978-89-5959-224-1 (13730)

[초급에서 중급까지]

한 달 만에 한 권으로 완전 마무리

Xpeed 일본어

기구찌 마사끼(木口政樹) · 박동균(朴東均) 지음

한솜미디어

들어가는 말

아기가 태어나면 그 아기는 어머니의 사랑과 언어를 피부로 느끼면서 자라납니다. 그리고 3년도 채 안 되어 모어(母語)를 거의 마스터한다고 합니다. 이러한 점으로 미루어 보아 듣는다는 것이 언어 습득에 있어서 얼마나 중요한가를 알 수 있습니다. 뭐니 뭐니 해도 듣기가 가장 중요하다고 봅니다.

아기가 모어를 습득하는 데 있어서는 듣기가 중요하지만 외국인이 제2언어를 습득하는 데 있어서는 듣기 · 말하기 · 읽기 · 쓰기가 골고루 다 중요합니다. 쓰기는 가장 뒤에 오는 기능이라고 하겠지만 쓰기를 잘해야만 발음도 올바른 발음이 되고, 표현도 올바른 표현이 됩니다. 그러한 면에서 쓰기가 중요하다고 할 수 있습니다.

그런데 쓰기에 관한 교재가 아직은 부족한 상황이며, 있다 해도 너무 어렵거나 일상생활에서 거의 사용하지 않는 표현들을 다루고 있어서 문제점이 많다고 할 수 있습니다.

이 교재는 일본어 문법을 고등학교에서 공부한 적이 있는 정도라면 누구나 쉽게 접근할 수 있도록 해석을 달았습니다. 따라서 교수가 옆에 있는 것 같은 분위기로 공부할 수 있을 것입니다. 재미있게 공부도 하고 실력도 늘어난다면 얼마나 좋을까요.

그런 의미에서 만들어진 교재이므로 꾸준하게 공부하다 보면 자신도 모르게 일본어 실력이 향상될 것입니다.

본서는 주제(テーマ), 일본어역(日本語訳), 표제예문(表題例文), 한국어역(韓国語訳), 예문단어(例文単語), note(文法説明), drill(練習問題), word(練習問題의 単語)로 구성되어 있습니다. 보충문제는 뒤에 붙어 있으며, 때때로 틀리기 쉬운 표현에 대한 코멘트가 들어 있습니다. 한국인들이 일본어로 표현할 때 틀리기 쉽거나 어려운 표현, 주의해야 할 내용들입니다.

기본적으로 독학할 수 있도록 구성했습니다만 대학의 일본어 작문 수업에서도 이용할 수 있는 내용입니다. 기초단계의 학습자가 한 번 배운 문법사항을 다시 정리하면서 자기 자신이 직접 일본어 문장을 만들어 나가면서 일본어를 익히고 그 재미를 느껴보자는 의미에서 편찬한 것입니다.

설명 부분을 읽은 다음에 바로 연습문제(drill)에 들어가서 자신의 힘으로 일단 일본어 문장을 만든 다음에 답을 보도록 하면 좋겠습니다.

마음먹고 한 달 만에 이 책 한 권을 마스터한다면 한 달 후에는 한층 업그레이드된 일본어 실력을 만끽할 수 있을 것입니다.

저자 일동

[범례(凡例)]
- '*' 표시는 비문법적(非文法的) 문장이라는 뜻
- '※' 표시는 틀리기 쉬운 것, 또는 보충 설명이라는 뜻

목차

これは~ 이것은~

이 : この 책 : 本(ほん) 누구 : だれ(誰) 것 : の ~입니까 : ですか

この本はだれのですか。

이 책은 누구 것입니까?

note

여기서는 「この」, 「その」, 「あの」, 「これ」, 「それ」, 「あれ」 등 일본어의 지시어(指示語)에 대해서 공부해 봅시다.

この	その	あの	どの
이	그	저	어느

これ	それ	あれ	どれ
이것	그것	저것	어느 것

ここ	そこ	あそこ	どこ
여기	거기	저기	어디

こんな	そんな	あんな	どんな
이런	그런	저런	어떤

こちら	そちら	あちら	どちら
이쪽	그쪽	저쪽	어느 쪽

こっち	そっち	あっち	どっち
이쪽	그쪽	저쪽	어느 쪽

こう	そう	ああ	どう
이렇게	그렇게	저렇게	어떻게

일본어와 한국어의 지시어는 위 표를 통해서 알 수 있듯이 거의 비슷하다고 할 수 있습니다. 그런데 「そこ」와 「あそこ」의 사용에 관해서 약간 주의할 필요가 있습니다. 즉 「そこ」는 한 사람은 알고 있는데 다른 사람은 모를 때에 사용하며, 「あそこ」는 둘이 다 알고 있을 때만 사용합니다.

다음과 같은 예문을 통해서 그 차이점을 익혀 두기로 합시다.

학생과 선생님이 이야기를 할 때, 학생은 선생님의 고향이 어디인지 모르는 상황입니다.

先生 : 私のふるさとは山形県(やまがたけん)です。

学生 : *あそこは寒(さむ)いですか。

이때에 학생이 「あそこは寒(さむ)いですか」라고 질문하기 쉽습니다. 그런데 이때는 「そこは寒いですか」라고 질문을 해야 한다는 것입니다.

「ここ」와 「こちら」의 차이는 「ここ」보다 「こちら」 쪽이 조금 공손한 표현이라 할 수 있으며, 예를 들면 '이분이 사또 씨입니다'처럼 사람을 소개할 때 「こちらが佐藤(さとう)さんです」라는 식으로 「こちら」라는 말을 사용합니다. 그리고 「こっち」는 「こちら」보다 좀 스스럼없는 표현이랍니다. 그럼, 연습을 해 봅시다.

drill

연습문제

1. それは＿＿＿＿＿＿＿＿＿＿。
   그것은 무엇입니까?

2. ＿＿＿＿＿は＿＿＿＿＿＿です。
   이것은 사전입니다.

3. この＿＿＿＿＿は＿＿＿＿＿ですか。
   이 잡지는 당신 것입니까?

4. ＿＿＿＿＿＿＿＿＿＿＿＿。
   저 가방은 내 것이 아닙니다.

5. ＿＿＿＿＿＿＿＿＿＿＿＿。
   이 담배는 누구 것입니까?

word

단어

그것 : それ	무엇 : なに	이것 : これ	사전 : 辞書(じしょ)
이 : これ	잡지 : 雑誌(ざっし)	당신 : あなた	저 : あの
가방 : かばん(鞄)	내 : わたしの	담배 : たばこ	누구 : だれ

～です　～입니다

나 : 私(わたし)　　다나카 : 田中(たなか)　　~입니다 : ～です

私は田中です。

나는 다나카입니다.

note

일본어에서는 문장의 끝을 크게 둘로 나눌 수 있습니다(명사의 예).

ていねい体(たい) : 명사 + です

普通体(ふつうたい) : 　명사 + だ

「ていねい体(たい)」는 공손한 스타일이며 「普通体(ふつうたい)」는 반말체입니다. 여기서는 먼저 회화에서도 바로 사용할 수 있는 「ていねい体」에 대해서 배우기로 합시다.

명사문을 「ていねい体」로 끝맺음할 경우에는 「～です」라고 하면 됩니다. 예를 들어 '나는 다나카입니다'는 「私は田中です」라고 합니다. 연습을 해 봅시다.

❧one point 연습

ソウルは大都市(だいとし)だ → (　　　　　　　　　　　　)

◆ 부정문을 만들 경우

현재　私は学生です　→ 私は学生ではありません。

과거　私は学生でした → 私は学生ではありませんでした。

이와 같이 명사를 부정으로 바꿀 경우는 「です」를 「ではありません」으로 고치면 됩니다. 과거는 「でした」를 「ではありませんでした」로 하면 됩니다.

위와 같이 연습을 해 봅시다.

リンカーンはアメリカの大統領(だいとうりょう)です → (　　　　　　　　　　　　)

링컨은 미국의 대통령입니다.　　　　링컨은 미국의 대통령이었습니다.

きのうは休(やす)みでした → (　　　　　　　　　　　　　　　　　　　　　　　　　　)

어제는 휴일이었습니다.　어제는 휴일이 아니었습니다.

drill

◆ 연습문제

1. わたしは 山田(やまだ)＿＿＿＿＿＿＿＿＿＿＿＿＿＿＿＿＿＿。

   나는 야마다입니다.

2. 弟(おとうと)は、先生(せんせい)＿＿＿＿＿＿＿＿＿＿＿＿＿＿＿＿ありません。

   남동생은 선생님이 아닙니다.

3. ＿＿＿＿＿＿＿＿＿＿＿＿＿＿＿＿＿＿＿＿＿＿。

   어제는 비가 왔습니다.

4. ＿＿＿＿＿＿＿＿＿＿＿＿＿＿＿＿＿＿＿＿＿＿。

   아버지는 회사원이 아닙니다. 공무원입니다.

5. ＿＿＿＿＿＿＿＿＿＿＿＿＿＿＿＿＿＿＿＿＿＿。

   그저께는 눈이 아니었습니다.

word

◆ 단어

남동생 : 弟(おとうと)	선생님 : 先生(せんせい)	어제 : きのう	비 : 雨(あめ)
회사원 : 会社員(かいしゃいん)	공무원 : 公務員(こうむいん)	그저께 : おととい	눈 : 雪(ゆき)

※ 한국 학생들에게 작문을 시키면 대개 「きのうは雨が降りました」라고 말하지만 일본에서는 「きのうは雨でした」라든가 「雨ではありませんでした」 등으로 동사를 사용하지 않고 명사적인 표현을 사용하는 경향이 많습니다. 이런 식으로 일본어에는 명사적인 표현이 많다는 것도 알고 있으면 합니다.

〈예〉

こもれび [木洩れ日]　　나뭇잎 사이로 비치는 햇볕.

つかいすて [使い捨て]　　한 번 쓰고 버리는 일. 일회용의~.

どうどうめぐり [堂々巡り]　　사고나 토론 등이 겉돌기만 할 뿐 조금도 진전이 없음. 다람쥐 쳇바퀴 돌 듯함.

悩んでいて考えが堂々巡りするとき、日記は味方になってくれます。

고민으로 생각에 진전이 없을 때, 일기는 내 편이 되어 줍니다.

~です ~합니다

오늘 : きょう　　따뜻하다 : あたたかい

きょうはあたたかいです。

오늘은 따뜻합니다.

note

일본어 형용사에는 2가지가 있습니다.

ィ형용사　「あたたかい」(따뜻하다), 「うつくしい」(아름답다), 「いい」(좋다),
「おもしろい」(재미있다), 「安い」(싸다), 「高い」(비싸다, 높다) 등

ナ형용사　「しずか」(조용하다), 「元気」(건강하다), 「きれい」(깨끗하다) 등

「イ형용사」는 어미가 「い」로 되어 있으며 「ナ형용사」는 그 어간만 사전에 적혀 있습니다. 여기서는 「イ형용사」에 대해서 배워보기로 합시다.

공손한 스타일은 「です」만 붙이면 됩니다. 즉, 「あたたかい」(따뜻하다)로 문장을 끝낼 때 「あたたかいです」처럼 「です」만 「あたたかい」에 추가하면 됩니다.

◆ 형용사의 부정형

あたたかい → あたたかくありません。

「あたたかくありません」처럼 어미 「い」를 「く」로 바꿔 여기에 「ありません」을 붙여서 「あたたかくありません」처럼 합니다. 주의해야 할 점은 「安くないです」처럼 「く」 다음에 「ないです」를 붙여도 부정형이 되지만, 보통 회화할 때는 「~くありません」 쪽을 많이 사용한다는 것입니다.

◆ 과거형

あたたかいです → あたたかかったです。

이처럼 「い」를 「かったです」로 하면 과거의 공손한 표현이 됩니다. 즉, '따뜻했습니다'란 뜻이 됩니다.

◆ 과거의 부정형

あたたかかったです → あたたかくなかったです。

이처럼 「あたたかかったです」를 「あたたかくなかったです」로 하면 됩니다.

❧one point 연습

おいしかったです → (　　　　　　　　　　　　　　　　　　)

맛있었습니다.　　　　　　맛있지 않았습니다.

「イ형용사」를 연결할 때, 즉 '싸고 맛있는 요리'라는 문장처럼 두 개를 연결할 때 「この料理は、安くておいしいです」(이 요리는 싸고 맛있습니다)처럼 「やすい」의 「い」를 「くて」로 변환시켜 「やすくて」로 하면 됩니다.

❧one point 연습

この部屋はあかるいです。　　　この部屋は広いです。

이 방은 밝습니다.　　　　　　이 방은 넓습니다.

→ (　　　　　　　　　　　　　　　　　　)

이 방은 밝고 넓습니다.

この本は、おもしろい、ためになる

이 책은　재미있다　도움이 되다

→ (　　　　　　　　　　　　　　　　　　)

이 책은 재미있고 도움이 됩니다.

drill

◆ 연습문제

1. 日本語は＿＿＿＿＿＿＿＿＿＿＿＿です。
   일본어는 쉽습니다.

2. 授業＿＿＿＿＿＿＿＿＿＿＿＿。
   수업시간은 깁니까?

3. ひらがなは＿＿＿＿＿＿＿＿＿＿＿＿。
   히라가나는 어렵지 않습니다.

4. ＿＿＿＿＿＿＿＿＿＿＿＿。
   스키는 아주 재미있습니다.

5. ＿＿＿＿＿＿＿＿＿＿＿＿が いいです。
   밝고 넓은 방이 좋습니다.

word

◆ 단어

일본어 : 日本語(にほんご)	쉽다 : やさしい	수업 : 授業(じゅぎょう)	시간 : 時間(じかん)
길다 : 長(なが)い	어렵다 : むずかしい	스키 : スキー	재미있다 : おもしろい
밝다 : 明(あか)るい	넓다 : 広(ひろ)い	방 : 部屋(へや)	좋다 : いい

～です　～합니다

시골 : いなか　아버지 : 父　아주 : とても　건강하다 : 元気（げんき）　합니다 : です

いなかの父はとても元気です。

시골에 계시는 아버지는 아주 건강하십니다.

note

unit 3에서 보았듯이 일본어의 형용사에는 「イ형용사」와 「ナ형용사」 2가지가 있습니다. 여기서는 「ナ형용사」에 대해서 공부합시다. 「げんき」(건강하다), 「しずか」(조용하다), 「きれい」(깨끗하다, 예쁘다), 「ていねい」(정중하다) 등이 있습니다.

ナ형용사　げんき、しずか、きれい、ていねい 등

일본어는 원래 「ナ형용사」가 적어 한자어나 외래어를 많이 받아들여 사용하고 있습니다. 예를 들면 「幸福（こうふく）、必要（ひつよう）、危険（きけん）、複雑（ふくざつ）、単純（たんじゅん）、重要（じゅうよう）、適当（てきとう）、安全（あんぜん）」, 「シンプル、ナチュラル、スマート、スムーズ」 등이 있습니다. 외래어가 일본어로 들어올 때는 대체로 「ナ형용사」가 됩니다. 그래서 「イ형용사」는 숫자가 한정되어 있으나 「ナ형용사」는 앞으로도 늘어날 것입니다.

- ナ형용사의 부정형

げんきです → げんきではありません
　　　　　　げんきじゃありません
　　　　　　げんきではないです
　　　　　　げんきじゃないです

일본어의 「ナ형용사」인 「げんきです」의 부정형은 「げんきではありません」, 「げんきじゃありません」, 「げんきではないです」 3가지가 있는데 회화할 때는 「げんきじゃありません」이나 「げんきではありません」 쪽을 많이 사용합니다.

- 과거형과 부정형

げんきです → げんきでした　(과거형)
げんきでした → げんきではありませんでした　(과거의 부정형)

과거는 「げんきでした」가 되고 과거의 부정형은 「げんきではありませんでした」가 됩니다. 명사를 수식할 때는 「げんきな人」처럼 「な」를 붙여서 이어가면 됩니다.

❧one point 연습

ゆうめい → (   )
유명하다.　　유명한 사람

'유명하고 번화한 거리'처럼 「ナ형용사」를 연결할 경우는 「ゆうめいでにぎやかなまち」로 「で」로 연결시키면 됩니다.

「おいしい」처럼 「い」로 끝나는 말은 보통 「イ형용사」인데 「きれい」(깨끗하다, 아름답다), 「きらい」(싫다), 「ゆうめい」(유명하다), 「ふゆかい」(불쾌하다), 「ていねい」(정중하다) 등은 「い」로 끝나는 낱말이지만 「イ형용사」가 아니라 「ナ형용사」입니다. 예외적으로 외워야 되겠습니다.

drill

◆ 연습문제

1. ソウル駅は、____________________ですか。
   서울역은 조용합니까?

2. いいえ、しずか____________________。
   아니오, 조용하지 않습니다.

3. 韓国でいちばん____________________はだれですか。
   한국에서 가장 유명한 가수는 누구입니까?

4. ____________________。
   명동은 유명하고 번화한 거리입니다.

5. ____________________。
   일본에서 가장 유명한 배우는 누구입니까?

word

◆ 단어

역 : 駅(えき)	조용하다 : しずかだ	아니오 : いいえ	한국 : 韓国(かんこく)
가장 : いちばん	유명하다 : 有名(ゆうめい)だ	가수 : 歌手(かしゅ)	누구 : だれ
번화하다: にぎやかだ	거리 : 街(まち)	배우 : 俳優(はいゆう)	

～ます ～합니다

매일 : 毎日(まいにち)　학교 : 学校(がっこう)　갑니다 : 行(い)きます

毎日、学校へ行きます。

매일 학교에 갑니다.

note

자, unit 5에서는 동사에 대해서 배워봅시다. 동사는 외국어를 공부할 때 가장 중요한 대목이라고 할 수 있습니다. 열심히 해야 합니다.

동사 '가다'는 일어로 「行く」입니다. '갑니다'는 「行きます」가 되는데, 이때 주의할 점은 「です」가 아니라 「ます」로 끝난다는 것입니다. 이것을 「ます形(けい)」라고 합니다.

◆ 동사의 부정형

行きます → 行きません

동사의 부정형은 「ます」를 「ません」으로 바꾸면 됩니다.

❧one point 연습

書きます → ( )

씁니다.　　쓰지 않습니다.

飲みます → ( )

마시다.　　마시지 않습니다.

과거형 및 과거의 부정형은 다음과 같이 만듭니다.

行きました → 行きませんでした

「行きます」(갑니다)의 부정형은 「行きません」이며, 과거는 「行きました」, 과거의 부정형은 「行きませんでした」가 됩니다.

일본어 동사에는 3가지 종류가 있습니다.

즉, 5단동사, 1단동사, 예외동사입니다.

5단동사 : 行く、買う、売る、待つ、急ぐ、呼ぶ、話す、飲む 등

1단동사 : 見る、食べる、起きる、教える、調べる、比べる 등

예외동사 : する、来る의 2개만 있습니다.

drill

연습문제

1. わたしは 図書館へ ________________。
   나는 도서관으로 갑니다.

2. 妹はジュースを ________________。
   여동생은 주스를 마십니다.

3. ________________。
   어제는 무엇을 샀습니까?

4. ________________。
   그 영화를 봤습니까?

5. ________________。
   결혼했습니까?

word

단어

도서관 : 図書館	가다 : 行く	여동생 : 妹	주스 : ジュース
마시다 : 飲む	어제 : きのう	무엇 : 何	사다 : 買う
그 : その	영화 : 映画	보다 : 見る	

※ '결혼했습니까?'라고 물어볼 때 unit 10에서도 설명하겠지만 「結婚しましたか」라고 하면 안 됩니다. 결혼은 원래 과거 한 번의 경험이 아니라 결혼한 상태가 계속되고 있는 것이기 때문에 「結婚していますか」라고 물어보게 됩니다.

~する ~하다

내일 : あした　나라 : 奈良　간다 : 行く

あした 奈良へ 行く。

내일 나라로 간다.

note

unit 2에서 '정중한 스타일(ていねい体)'과 '보통체(普通体)'에 대해 간단하게 언급했습니다. 여기서는 '보통체'에 대해서 배워봅시다.

보통체는 친구 사이라든가 가족 사이에서 사용할 수 있는 스타일로서 사전에는 보통체가 나와 있습니다. 그리고 「あしたはいい天気だ」(내일은 좋은 날씨다)처럼 명사에 「だ」를 붙이면 보통체가 됩니다. 「です」를 「だ」로 하면 보통체가 되는 셈입니다.

「ナ형용사」도 명사와 같습니다. 즉 「リカさんは親切だ」(리카 씨는 친절하다)라고 하면 됩니다.

「イ형용사」는 「毎日忙しい」(매일 바쁘다)처럼 사전에 있는 스타일을 그대로 사용하면 그것이 「イ형용사」의 보통체가 됩니다. 표로 마무리하면 다음과 같습니다.

품사	ていねい体	普通体
동사	行きます	行く
명사	天気です	天気だ
ナ형용사	親切です	親切だ
イ형용사	忙しいです	忙しい

❧one point 연습

書きます　→ (　　　　　　　　)

씁니다.　　쓰다.

食べます　→ (　　　　　　　　)

먹습니다.　　먹다.

来ます　→ (　　　　　　　　)

옵니다.　　오다.

drill

연습문제

1. 今晩＿＿＿＿＿＿＿＿＿＿＿＿＿＿＿＿＿＿＿＿＿＿。

오늘 밤에 편지를 쓴다.

2. 工場は＿＿＿＿＿＿＿＿＿＿＿＿＿＿＿＿＿＿＿＿＿＿。

공장은 조용하지 않다.

3. 来週＿＿＿＿＿＿＿＿＿＿＿＿＿＿＿＿＿＿＿＿＿＿。

다음 주에 일본으로 간다.

4. ＿＿＿＿＿＿＿＿＿＿＿＿＿＿＿＿＿＿＿＿＿＿。

나는 자주 텔레비전을 본다.

5. ＿＿＿＿＿＿＿＿＿＿＿＿＿＿＿＿＿＿＿＿＿＿。

영어는 매우 어렵다.

word

단어

오늘 밤 : 今晩(こんばん)	편지 : 手紙(てがみ)	쓰다 : 書(か)く	공장 : 工場(こうじょう)
조용하다 : 静(しず)かだ	다음 주 : 来週(らいしゅう)	텔레비전 : テレビ	영어 : 英語(えいご)
매우 : とっても	어렵다 : 難(むずか)しい		

※ 동사와 「イ형용사」의 끝맺음으로 사용할 때 「だ」를 넣으면 안 됩니다.
예를 들어서 '맛있다'는 「おいしい」가 되지 「＊おいしいだ」가 아닙니다.
'좋다'는 「いい」, 「よい」가 되지 결코 「＊いいだ」가 아닙니다.

~ない ~지 않다

학교 : 学校　　가다 : 行く

学校へ行かない。

학교에 가지 않다.

note

보통체와 관련해서 「ない形」이라는 스타일에 대해서도 공부합시다. 이것은 부정형이라고도 할 수 있습니다.

'갑니다' = 「行きます」, '간다'= 「行く」라는 관계가 되는데 '가지 않습니다' = 「行きません」에 대해서 '가지 않다'에 해당되는 표현이 무엇일까요? 이것이 바로 「ない형」이라고 하는데 「行かない」가 됩니다.

◆ 5단동사　行く → 行かない

5단동사 「行く」의 경우는 어미 「ku」가 「a段」으로 가서 「ka」음이 되고 「行かない」가 되지요. 5단동사는 이런 식으로 어미가 「a段」으로 가서 「書かない」(쓰지 않다), 「遊ばない」(놀지 않다), 「飲まない」(마시지 않다)처럼 됩니다.

◆ 1단동사　見る → 見ない

1단동사의 부정형은 어미 「る」를 「ない」로 바꾸면 됩니다. 즉, 「見る」는 「見ない」, 「食べる」는 「食べない」가 됩니다.

◆ 예외동사　する → しない
　　　　　　来る → 来ない

「する」는 「しない」이며 「来る」는 「こない」입니다. 예외동사 2개는 예외이므로 외울 수 밖에 없습니다.

◆ 명사　　天気だ → 天気で(は)ない
・ナ형용사　元気だ → 元気で(は)ない
・イ형용사　寒い　 → 寒くない

명사와 「ナ형용사」의 경우는 「だ」를 「で(は)ない」로 바꾸면 되고, 「イ형용사」는 어미 「い」를 「く」로 바꾼 다음 「ない」를 붙여서 「おいしくない」처럼 합니다.

drill

◆ 연습문제

1. ______________________________。
   그는 지하철을 타지 않는다.

2. ______________________________。
   나는 술을 마시지 않는다.

3. ______________________________。
   기무라 씨는 오지 않는다.

4. ______________________________。
   오늘은 그다지 춥지 않다.

5. ______________________________。
   그 여자는 예쁘지 않다.

word

◆ 단어

지하철 : 地下鉄(ちかてつ)	타다 : 乗(の)る	술 : 酒(さけ)	마시다 : 飲む
기무라 : 木村(きむら)	그다지 : あまり	여자 : 女(おんな)の人(ひと)	예쁘다 : きれいだ

※ '~을 타다'라고 할 때 일본어로는 「~に乗る」라고 말합니다. 조사 「~に」에 주의해야 합니다. 「~を」가 아닙니다. 그리고 「イ형용사」의 부정형은 「*寒いない」가 아니라 「寒くない」이며, 「ナ형용사」의 부정형은 「きれいない」가 아니라 「きれいじゃない」 또는 「きれいではない」임에 유의해야 합니다.

~だった　~이었다

설악산 : ソラクサン　　사진 : 写真(しゃしん)　　찍다 : 撮(と)る

ソラクサンで写真を撮った。

설악산에서 사진을 찍었다.

note

unit 6에서 보통체에 대해서 살펴보았는데 여기서는 보통체의 과거형태에 대해서 공부합니다.

명사와 「ナ형용사」는 보통체의 「だ」를 「だった」로 하면 과거형태가 됩니다. 즉 「いい天気だ」를 과거로 하려면 「いい天気だった」가 되는 것입니다. 「ナ형용사」의 경우도 「元気だ」는 「元気だった」로 하면 과거형태가 됩니다. 부정형은 「元気ではなかった」가 되지요. 그러나 「イ형용사」와 동사는 약간 다릅니다. 변화가 있습니다.

「イ형용사」의 경우 「おいしい」는 「おいしかった」처럼 「い」 부분을 「かった」로 하면 「イ형용사」의 과거형태가 됩니다. 예를 들면 「さむい」는 「さむかった」, 「むずかしい」는 「むずかしかった」, 「あたたかい」는 「あたたかかった」가 됩니다. 부정형은 「さむくなかった」, 「むずかしくなかった」, 「あたたかくなかった」처럼 「ない」를 「なかった」로 하면 됩니다. 다만 「いい」는 「よかった」, 「よくなかった」가 됩니다.

그리고 동사의 경우에는 「書く」의 과거는 「書いた」가 됩니다. 「書いた」를 「た형」이라고도 합니다. 동사의 이 변환, 즉 「た형」은 「て형」을 다루는 unit 9에서 자세히 다루기로 하고 여기서는 예를 몇 가지 들어봅시다.

5단동사, 1단동사, 예외동사 등 크게 3가지로 나누어서 배워야 합니다. 「て형」의 「て」를 「た」로 대치한 것이 「た형」이 됩니다.

◆ 5단동사의 경우

기본형	て형	た형
書く	書いて	書いた
飲む	飲んで	飲んだ

◆ 1단동사의 경우

기본형	て형	た형
見る	見て	見た
食べる	食べて	食べた

이처럼 「る」를 「て」, 그리고 「た」로 변화시키면 간단합니다.

◆ 예외동사의 경우

기본형	て형	た형
する	して	した
来る	来て	来た

이처럼 예외동사 2개는 그대로 외워야 합니다.

부정형은 「書いた」가 「書かなかった」로 되는 것처럼 「ない형」에서 「なかった」로 하면 동사의 과거보통형의 부정형이 됩니다.

❧one point 연습

学生だ → (学生だった)
静かだ → ( )
寒い → ( )
暑くない → ( )
送る → ( )

drill

◆ 연습문제

1. きのう＿＿＿＿を＿＿＿＿。
어제 편지를 썼다.

2. キムさんは＿＿＿＿東京へ＿＿＿＿。
김씨는 그저께 동경으로 갔다.

3. 4＿＿＿＿に 李さんに＿＿＿＿。
4년 전에 이씨와 만났다.

4. ＿＿＿＿。
공원에는 누구도 없었다.

5. ＿＿＿＿。
어제는 덥지 않았다.

word

◆ 단어

어제 : きのう　편지 : 手紙(てがみ)　쓰다 : 書く　그저께 : おととい
가다 : 行く　전 : 前(まえ)　만나다 : 会(あ)う　공원 : 公園(こうえん)
누구 : だれ　덥다 : 暑(あつ)い

~て ~하고, 해서

연수생 : 研修生(けんしゅうせい)　매일 : 毎日(まいにち)　일지 : 日誌(にっし)　쓰고 : 書(か)いて
잠을 자다 : 寝(ね)ます

研修生は、毎日研修日誌を書いて寝ます。
연수생들은 매일 연수일지를 쓰고 잠을 잡니다.

note

기초 일본어 공부 가운데 가장 중요한 부분이 「て형」입니다. 이것은 이미 unit 8에서 언급한 바 있으나 「書いて」 등 한국어로서의 의미는 '~하고' 또는 '~해서'라는 뜻인데 일본어의 형태를 보면 항상 「～て」 스타일만입니다. 이것을 일컬어 「て형」이라고 하는 것입니다. 일본어 동사는 크게 3가지로 나누어지는데 5단동사, 1단동사, 예외동사가 바로 그것입니다. 이미 알고 있지요?

unit 8에서 보듯이 5단동사는 어미가 「く」, 「ぐ」, 「う」, 「つ」, 「る」, 「ぬ」, 「ぶ」, 「む」 등 8개가 있습니다. 변화하는 부분에 주목하면 3가지입니다. 즉,

· 「く」「ぐ」 → 「いて」
  書く → 書いて ※「行く」→「行って」☞ 예외
  急ぐ → 急いで
· 「う」「つ」「る」 → 「って」
  買う → 買って
  待つ → 待って
  座る → 座って
· 「ぬ」「ぶ」「む」 → 「んで」
  死ぬ → 死んで
  遊ぶ → 遊んで
  飲む → 飲んで

이런 식으로 규칙성이 있습니다. 외울 때는 다음과 같이 주문처럼 외우면 쉽게 외울 수 있습니다.

「く、ぐ → いて、いで」
「う、つ、る → って」
「ぬ、ぶ、む → んで」

여기서 「行く」가 「行って」로 되는 것은 예외적이지요. 5단동사만 좀 복잡합니다.

1단동사는 unit 8에서 보듯이 어미 「る」를 그대로 「て」로 바꾸면 됩니다. 즉, 「見る」는 「見て」, 「食べる」는 「食べて」가 됩니다. 예외동사 2개 「する」는 「して」, 「くる」는 「きて」로 변합니다. 그리고 「て형」의 쓰임새는 많이 있는데 여기서는 순서를 나타내는 「て형」에 대해서 공부합니다.

「書いて 寝ます」처럼 '일지를 쓰고 그 다음에 잔다'라는 뜻을 나타냅니다. 이때 「書いてから寝ます」처럼 「から」를 붙여도 의미는 같습니다. 즉 「書いて」, 「書いてから」, 「食べて」, 「食べてから」 등 순서를 나타내고 있을 때는 「て」와 「てから」는 의미가 같다고 볼 수 있습니다. '버스 타고 강남에서 지하철로 갈아탑니다'는 「バスに乗って、カンナムで地下鉄に乗り換えます」가 됩니다.

drill

◆ 연습문제

1. 昼ごはんを＿＿＿＿＿＿＿＿から、すこし＿＿＿＿＿＿＿＿。
   점심을 먹고 나서 잠시 쉽니다.

2. シャワーを＿＿＿＿＿＿＿＿＿＿＿＿から、外出しました。
   샤워를 하고 나서 외출했습니다.

3. 朝＿＿＿＿＿、顔を＿＿＿＿＿＿、ごはんを＿＿＿＿＿＿。
   아침에 일어나서 세수를 하고 밥을 먹습니다.

4. 上野に＿＿＿＿＿＿＿＿＿＿＿＿＿＿＿＿＿＿。
   우에노에 가서 친구와 만나 영화를 보았습니다.

5. ＿＿＿＿＿＿＿＿＿＿＿＿＿＿＿＿＿＿＿＿＿。
   텔레비전을 보고 일본어를 공부하고 그러고 나서 잤습니다.

word

◆ 단어

점심 : 昼ごはん	잠시 : すこし	쉬다 : 休む	샤워 : シャワー
외출 : 外出	아침 : 朝	일어나다 : 起きる	세수하다 : 顔を洗う
밥 : ごはん	먹다 : 食べる	우에노 : 上野(地名)	친구 : 友だち
만나다 : 会う	영화 : 映画	보다 : 見る	텔레비전 : テレビ
일본어 : 日本語	공부하다 : 勉強する	자다 : 寝る	

※ '아침에'는 「に」 조사를 넣지 말고 그냥 「朝」라고만 하면 됩니다. 그리고 '샤워를 하다'는 「シャワーをあびる」라고 합니다.

~ている ~하고 있다

이씨 : 李さん　지금 : いま　텔레비전 : テレビ　보고 있습니다 : 見ています

李さんはいま、テレビを見ています。

이씨는 지금 텔레비전을 보고 있습니다.

note

여기서의 포인트는 '보고 있습니다', 즉 진행을 나타내는 「ている」와 상태를 나타내는 「ている」입니다.

見ている	[진행]
ドアがあいている	[상태]

같은 「て형」인데도 한쪽은 진행의 의미며 또 한쪽은 상태를 나타내고 있는데 이렇게 서로 의미가 다른 것은 동사의 기본적인 뜻이 다르기 때문입니다.

「ている형」의 쓰임새 가운데 대표적인 2가지라 할 수 있습니다. '편지를 쓰고 있다'는 「手紙を書いている」, '공부를 하고 있다'는 「勉強している」가 되겠고, '불이 켜져 있다'는 「電気がついている」, '모자가 걸려 있다'는 「ぼうしがかかっている」입니다.

사실 「ている」에는 또 다른 뜻도 몇 가지가 있습니다. 예를 들어 과거의 경험을 나타내는 「子どものころ、福岡へ行っています」는 '어렸을 때 후쿠오카에 가본 적이 있습니다'라는 뜻을 의미합니다. 그러나 여기서는 이런 문장까지 설명하지 않고 기본만 설명하고 연습에 들어갑시다.

❧one point 연습

くるまがとまる　→ (　　　　　　　　)
차가 멈추다.

ジョギングする　→ (　　　　　　　　)
조깅하다.

映画を見る　→ (　　　　　　　　)
영화를 보다.

そうじする → (   )
청소를 하다.
問題をとく → (   )
문제를 풀다.
メールを書く → (   )
메일을 쓰다.

drill
연습문제

1. いま、なにを＿＿＿＿＿＿＿＿＿＿。
   지금 무엇을 하고 있습니까?
2. 田中さんは、＿＿＿＿＿＿＿＿＿＿。
   다나카 씨는 지금 음악을 듣고 있습니다.
3. テレビは、＿＿＿＿＿＿＿＿＿＿。
   텔레비전은 꺼져 있습니다.
4. ＿＿＿＿＿＿＿＿＿＿。
   큰 나무가 무너져 있습니다.
5. ＿＿＿＿＿＿＿＿＿＿。
   사또 씨는 창가에서 한국어 공부를 하고 있습니다.

word
단어

지금 : いま	무엇 : なに	다나카 씨 : 田中さん	음악 : 音楽(おんがく)
듣다 : 聞(き)く	꺼지다 : 消(き)える	큰 나무 : 大きい木(き)	무너지다 : 倒(たお)れる
사토 씨 : 佐藤さん	창가 : 窓際(まどぎわ)	한국어 : 韓国語(かんこくご)	공부 : 勉強(べんきょう)

※ 진행「ている」와 상태「ている」가 있는데 그것을 구분하는 것은 중요하지 않습니다. 지금 단계에서는 의미를 이해할 수 있다면 충분합니다.

~てください ~해 주세요

교과서 : 教科書(きょうかしょ)　　페이지 : ページ　　읽어 주세요 : 読(よ)んでください

教科書の89ページを読んでください。

교과서 89페이지를 읽어 주세요.

note

여기서는 무엇인가를 의뢰할 때 사용하는 문장을 배웁니다.

'~해 주세요', 즉 「~てください」를 공부합니다. 「て형」을 사용하고 뒤에 「ください」를 붙이면 됩니다. 예를 들어 '볼펜을 빌려 주세요'는 「ボールペンを貸(か)してください」가 됩니다.

또 부정적인 뜻은 '~하지 마세요'인데 이것은 「~ないでください」가 됩니다. 즉 동사의 「ない형」 플러스 「でください」라는 형태로 만들면 됩니다. 예를 들어 '잔디에 들어가지 마세요'는 「芝生(しばふ)にはいらないでください」가 됩니다.

이처럼 「ない형」를 사용하면서 거기다가 「でください」를 붙이면 되는 거지요. '쓰지 마세요'는 「書かないでください」, '말하지 마세요'는 「言わないでください」, '서두르지 마세요'는 「急がないでください」가 되는 것입니다.

❧one point 연습

들어 주세요. → (　　　　　　　　　　)

걸어 주세요. → (　　　　　　　　　　)

올려 주세요. → (　　　　　　　　　　)

※ 여기서 「~ないでください」의 「ないで」는 항상 탁음(濁音) 「で」이며 「てください」의 「て」는 「て형」의 「て」이기에 보통은 「て」이지만 가끔은 「で」가 되기도 합니다.

예를 들어 「読む」는 「よんでください」, 「遊ぶ」는 「あそんでください」처럼 「ぬ、ぶ、む」로 끝나는 동사들은 「て형」이 「で」가 되기 때문에 「でください」가 되는 것입니다.

가르쳐 주세요. → (　　　　　　　　　　　　　　　　　　　　　　)
와 주세요. → (　　　　　　　　　　　　　　　　　　　　　　)
놀지 마세요. → (　　　　　　　　　　　　　　　　　　　　　　)
떠들지 마세요. → (　　　　　　　　　　　　　　　　　　　　　　)

drill

◆ 연습문제

1. 写真を＿＿＿＿＿＿＿＿＿＿＿＿＿＿＿＿＿＿＿＿＿＿＿。
   사진을 보여 주세요.

2. 時間が＿＿＿＿＿＿＿＿＿＿。＿＿＿＿＿＿＿＿＿＿＿＿＿。
   시간이 없습니다. 서둘러 주세요.

3. すみません。＿＿＿＿＿＿＿＿＿＿＿＿＿＿＿＿＿＿＿＿。
   죄송합니다. 사전을 빌려 주세요.

4. ＿＿＿＿＿＿＿＿＿＿＿＿＿＿＿＿＿＿＿＿＿＿＿＿＿。
   연필 외에는 사용하지 마세요.

5. ＿＿＿＿＿＿＿＿＿＿＿＿＿＿＿＿＿＿＿＿＿＿＿＿＿。
   일본어를 모르니까 조금 더 천천히 말해 주세요.

word

◆ 단어

사진 : 写真(しゃしん)	보여 주다 : 見せる	시간 : 時間(じかん)	없다 : ない
서두르다 : 急(いそ)ぐ	죄송하다 : すまない	사전 : 辞書(じしょ)	빌려 주다 : 貸(か)す
연필 : 鉛筆(えんぴつ)	외 : ほか	사용하다 : 使(つか)う	일본어 : 日本語(にほんご)
모르다 : 知(し)らない	조금 더 : もうすこし	천천히 : ゆっくり	말하다 : 話(はな)す

※ 「てください」, 「ないでください」의 예문을 참고로 제시합니다.

来週の水曜日までに出してください。　다음주 수요일까지 제출하세요.
階段や廊下で遊ばないでください。　계단이나 복도에서 놀지 마세요.

unit 12

～てある ～해 있다

노트 : ノート　　이름 : 名前(なまえ)　　쓰여져 있다 : 書(か)いてある

ノートに名前が書いてありますか。

노트에 이름이 쓰여져 있습니까?

note

동사의 「て형」을 사용한 문형 중에 「～てある」가 있습니다.

「타동사의 て형 ＋ ある」 → 어떤 '상태'를 나타냄

「書いている」 하면 진행형이며 '지금 쓰고 있다'라는 뜻을 나타내게 되는데 「書いてある」는 '지금 쓰고 있다'가 아니라 '쓰여져 있다'라는 상태성을 나타내는 것입니다. '타동사'를 사용한다는 점이 가장 중요합니다. '벽에 알림장이 붙여져 있다'는 「壁にお知らせが貼(は)ってある」가 됩니다.

여기서 중요한 것은 타동사를 사용한다는 점과 인위적(人為的)인 어감이 들어 있다는 점입니다. 즉, 「電気がつけてあります」 하면 누군가가 일부러 불을 켜놓은 상태라는 느낌으로 말하는 문장입니다. 자연적인 상태로써 인식하고 말한다면 「電気がついています」라는 표현, 즉 자동사 「つく」를 사용해서 「ている」 형태로 하는 편이 일반적입니다.

그리고 또 한 가지 「てある」라는 표현은 일상생활에서는 그다지 많이 사용하는 문형이 아닙니다. 왜냐하면 자동사로서 「ついている」처럼 「ている」 형태로 해결하는 경향이 크기 때문이지요. 다만 문법적으로 중요하다는 의미에서 공부하는 것입니다.

※ 타동사 「書く」, 「はる」, 「おく」는 짝이 되는 자동사가 없기 때문에 '쓰여져 있다', '붙여져 있다', '놓여져 있다'라는 표현들은 각각 「書いてある」, 「はってある」, 「おいてある」가 되고, 이것들은 「ている」로 대치할 수 없으니 확실히 알아 두어야 할 사항입니다.

drill

◆ 연습문제

1. 黒板に＿＿＿＿＿＿＿＿＿＿＿＿＿＿＿＿＿＿か。(타동사로)

칠판에 무엇이 쓰여져 있습니까?

2. 壁に＿＿＿＿＿＿＿＿＿＿＿が、＿＿＿＿＿＿＿＿＿＿。(타동사로)

벽에 아름다운 풍경화가 붙여져 있습니다.

3. 教室に＿＿＿＿＿＿＿＿＿＿＿＿＿＿＿＿＿＿。(타동사로)

교실에 불이 켜져 있습니다.

4. ＿＿＿＿＿＿＿＿＿＿＿＿＿＿＿＿＿＿＿＿。(타동사로)

건물의 창문이 열려 있습니다.

5. ＿＿＿＿＿＿＿＿＿＿＿＿＿＿＿＿＿＿＿＿。(타동사로)

가방은 책상 밑에 놓여져 있습니다.

word

◆ 단어

칠판 : 黒板(こくばん)	쓰여져 있다: 書いてある	벽 : 壁(かべ)	아름답다 : きれいだ
풍경화 : 風景画(ふうけいが)	걸려 있다 : かけてある	교실 : 教室(きょうしつ)	불 : 電気(でんき)
켜져 있다 : つけてある	건물 : 建物(たてもの)	창문 : 窓(まど)	열려 있다 : 開(あ)けてある
가방 : かばん	책상 : 机(つくえ)	밑 : 下(した)	놓여져 있다 : おいてある

~たい ~하고 싶다

설악산 : 雪嶽山　　올라가다 : のぼる　　~싶다 : ~たい

雪嶽山にのぼりたいです。
설악산에 올라가고 싶습니다.

note

unit 5에서 동사의 「ます형」을 공부했습니다. 이 「ます형」을 가지고 뒤에 「たい」를 붙이면 '~하고 싶다'라는 뜻을 나타내게 됩니다.

行きたいです　　가고 싶습니다.
見たいです　　보고 싶습니다.

이때에 주격(主格)이 기본적으로 '나'가 되는 것이 중요합니다. 그리고 '사과를 먹고 싶다'라고 할 때 「りんごを食べたい」도 되고 「りんごが食べたい」도 됩니다.

제3자가 주격이 된다면 「~たい + がる」, 즉 「たがる」가 되어 「弟はアメリカへ行きたがっています」(남동생은 미국에 가고 싶어 합니다)가 됩니다. 이때에 「行きたがる」보다는 「行きたがっています」처럼 「ています」 스타일을 사용하는 것이 좋습니다. 가고 싶어 하는 그 상태를 나타내기 때문에 「行きたがります」보다는 「行きたがっています」가 더 좋다는 의미지요.

그리고 이 표현은 윗사람한테는 사용하지 않는 것이 좋습니다. 약간 「こどもっぽい」 표현(어린이 같은 표현, 유치한 표현)이기 때문에 실례가 될 수도 있기 때문입니다.

❧one point 연습

飲む　→ (　　　　　　　　　　　　　　　　　　)
마시다.
食べる　→ (　　　　　　　　　　　　　　　　　　)
먹다.
習う　→ (　　　　　　　　　　　　　　　　　　)
배우다.

来る　→ (　　　　　　　　　　　　　　　　　　　　　　)
오다.
言う　→ (　　　　　　　　　　　　　　　　　　　　　　)
말하다.

drill

연습문제

1. コーヒーが＿＿＿＿＿＿＿＿＿＿＿＿＿＿＿＿＿＿＿＿。
   커피를 마시고 싶습니다.

2. コンピュータ＿＿＿＿＿＿＿＿＿＿＿＿＿＿＿＿＿＿＿＿。
   컴퓨터를 공부하고 싶습니다.

3. 李さんは、＿＿＿＿＿＿＿＿＿＿＿＿＿＿＿＿＿＿＿＿。
   이씨는 누구를 만나고 싶습니까?

4. ＿＿＿＿＿＿＿＿＿＿＿＿＿＿＿＿＿＿＿＿＿＿＿＿。
   여동생은 내년에 일본에 가고 싶어 합니다.

5. ＿＿＿＿＿＿＿＿＿＿＿＿＿＿＿＿＿＿＿＿＿＿＿＿。
   내 친구는 일본인 여자 친구를 사귀고 싶어 합니다.

word

단어

커피 : コーヒー　　마시다 : 飲(の)む　　어린이 같은, 유치한 : こどもっぽい
컴퓨터 : コンピュータ　　공부하다 : 勉強(べんきょう)する　　이씨 : 李さん　　누구 : だれ
만나다 : 会(あ)う　　여동생 : 妹(いもうと)　　내년 : 来年(らいねん)　　일본 : 日本(にほん)
가다 : 行(い)く　　내 친구 : 私(わたし)の友(とも)だち　　일본인 : 日本人(にほんじん)
여자 친구 : 女友(おんなとも)だち(ガールフレンド)　　사귀다 : つきあう

※ 「たがる」가 약간 유치한 표현이라 「社長は日本へ行きたがっています」라는 표현은 그대로 하지 않고 「社長は日本へ行きたいと思っています」라든가 「社長は日本へ行こうと思っています」처럼 씁니다.

～がほしい ～갖고 싶다

나 : わたし　카메라 : カメラ　갖고 싶다 : ほしい

わたしはカメラがほしいです。

나는 카메라를 갖고 싶습니다.

note

물건을 갖고 싶을 때에 사용하는 표현이며 '~를 갖고 싶다'고 할 때 「～が ほしい」라고 말합니다.

여기서 조사 「が」도 중요합니다. 기본적으로는 물건에 대해 사용하는 것이지만 사람일 때도 있습니다. 예를 들어 '애인을 갖고 싶다'는 「恋人がほしい」라고 말하면 됩니다.

주의할 점은 이 표현은 어떤 물건이나 사람을 갖고 싶을 때에 사용하는 표현이지 무언가를 하고 싶을 때는 동사를 가져다가 「～したい」를 사용해야 한다는 것입니다. 「行きたい」, 「食べたい」 등등. 「行く、が、ほしい」 등은 전혀 안 된다는 것입니다.

drill

◆ 연습문제

1. 私は最新型の＿＿＿＿＿＿＿＿＿＿。
   나는 최신형 컴퓨터를 갖고 싶습니다.

2. 高橋さんは＿＿＿＿＿＿＿＿＿＿。
   다카하시 씨는 무엇을 갖고 싶습니까?

3. あのジェットコースター＿＿＿＿＿＿＿＿＿＿。
   저 제트코스터를 타고 싶습니다.

4. ＿＿＿＿＿＿＿＿＿＿。
   신혼여행은 어디로 가고 싶습니까?

5. ＿＿＿＿＿＿＿＿＿＿。
   나는 마당이 있는 아름다운 단독주택을 갖고 싶습니다.

word

◆ 단어

최신형 : 最新型(さいしんがた)	컴퓨터 : コンピュータ	가지다 : もつ	다카하시 : 高橋(たかはし)
무엇 : なに	저 : あの	제트코스터 : ジェットコースター	
타다 : 乗(の)る	신혼여행 : 新婚旅行(しんこんりょこう)	어디 : どこ	마당 : 庭(にわ)
아름답다 : 美(うつく)しい	단독주택 : 一戸建(いっこだ)ての家(いえ)		

※ '가고 싶습니다'는 「*行くがほしい」가 아닙니다. 아주 기본이지만 이렇게 틀린 경우도 간혹 보입니다. 주의해야 할 점이지요.

그리고 '무언가를 타다'는 조사에 주의해야 합니다. 「~に乗る」라고 하지 「~を」가 아닙니다. 이 조사는 초보단계에서 확실하게 기억해야 할 점입니다. 몇 년 공부해도 같은 실수를 계속하는 학생들이 많습니다.

「友だちに会う」, 「バスに乗る」, 「地下鉄に乗り換える」 이런 동사들은 다 조사 「に」를 취합니다.

～ので / から ～때문에

버스 : バス　오지 않았다 : 来なかった　때문에 : ので　늦었다 : 遅(おく)れた

バスが来なかったので遅れました。

버스가 오지 않았기 때문에 늦었습니다.

note

이유를 나타내는 표현으로 그 대표적인 것이 「ので」와 「から」입니다.

「ので」는 명사와 「ナ형용사」에 접속할 때는 「なので」가 되며 동사와 「イ형용사」에 접속할 때는 「ので」가 됩니다.

명사	「学生だ」 +「ので」	「学生なので」
ナ형용사	「きれいだ」+「ので」	「きれいなので」
イ형용사	「忙しい」 +「ので」	「忙しいので」
동사	「食べる」 +「ので」	「食べるので」

「から」는 명사와 「ナ형용사」에 접속할 때는 「だから」가 되며 동사와 「イ형용사」에 접속할 때는 「から」가 됩니다.

명사	「休みだ」 +「から」	「休みだから」
ナ형용사	「静かだ」 +「から」	「静かだから」
イ형용사	「明るい」 +「から」	「明るいから」
동사	「飲む」 +「から」	「飲むから」

어감으로는 「ので」가 부드러운 느낌을 줍니다. 「から」는 주장이나 명령을 할 때 어울리며 강한 느낌을 줍니다. 그래서 비즈니스 면에서는 「ので」를 사용할 경우가 많습니다. 「時間がないから飛行機で行こう」나 「時間がないから急げ」처럼 의지와 명령에는 「から」를 사용하지만 그 외에는 일반적으로 「ので」를 사용하는 것이 좋습니다. 그러나 「試験におちたのは、勉強しなかったからだよ」(시험에 떨어진 것은 공부를 안 했기 때문이다) 처럼 문말(文末)이 「～からだ」가 되는 문장은 항상 「から」를 사용합니다. 이때에 「ので」를 사용할 수 없습니다.

drill

◆ 연습문제

1. 用事がある＿＿＿＿＿＿、＿＿＿＿＿＿＿＿＿＿＿＿＿＿。

   볼 일이 있어서 일찍 집으로 갑니다. ⇒ 「ので」를 사용

2. 気分が＿＿＿＿＿＿、はやく＿＿＿＿＿＿＿＿＿＿＿か。

   기분이 안 좋은데 빨리 돌아가도 되겠습니까? ⇒ 「ので」를 사용

3. ＿＿＿＿＿ありります＿＿＿＿＿、＿＿＿＿＿＿＿＿＿＿＿。

   열이 있어서 어디에도 안 갑니다. ⇒ 「から」를 사용

4. ＿＿＿＿＿＿＿＿＿＿＿＿＿＿＿＿＿＿＿＿＿＿＿＿＿。

   배가 아파서 약을 먹습니다. ⇒ 「から」를 사용

5. ＿＿＿＿＿＿＿＿＿＿＿＿＿＿＿＿＿＿＿＿＿＿＿＿＿。

   어젯밤에 저렇게 많이 마셨기 때문이야.

word

◆ 단어

볼 일 : 用事(ようじ)　　일찍 : はやく　　기분 : 気分(きぶん)　　빨리 : はやく

돌아가다 : 帰(かえ)る　　열 : 熱(ねつ)　　어디 : どこ　　배 : お腹(なか)

아프다 : 痛(いた)い　　약 : 薬(くすり)　　먹다 : 飲(の)む、食(た)べる　　어젯밤 : ゆうべ

저렇게 : あんなに　　마시다 : 飲む

※ 「から」를 사용하는 예도 물론 있지만 특히 「＊私、いっしょうけんめい勉強したんだから、合格しました」라는 문장은 절대 안 됩니다. 이럴 때는 「勉強したので合格しました」라고 해야 합니다.

「勉強したんだから」 부분이 「ん」 ＋ 「から」로 되어 있는데 이것이 가장 안 좋은 문장입니다. 이유를 나타내는 문장에서 이런 식으로 「ん」 ＋ 「から」를 사용하는 학생들이 아주 많지만 조심해야 할 점이지요. 상대방에게 불쾌감을 주는 부분입니다.

~に ~에

여기 : ここ 에 : に 있다 : ある、いる

ここにあります。

여기에 있습니다.

note

조사 「に」의 용법은 여러 가지가 있습니다. 위에서 보듯이 장소를 나타내는 「に」가 우선 기본적인 「に」라 할 수 있습니다. 또한 포인트를 나타내는 「に」라고 말할 수 있습니다.

시간이든 위치든 '포인트'를 나타낸다는 것은 아주 중요한 개념입니다. 그래서 「2時に来ます」는 시간의 포인트를 나타내는 「に」이며, 「町に行く」는 '도시로 간다'라는 뜻으로 도시를 하나의 포인트로 보고 하는 말입니다. 이 「に」는 「へ」로 바꿀 수 있습니다. 즉, 「町へ行く」라고도 말합니다.

李さんに会う = 이씨를 만나다.
한국어는 「を」에 해당되는 '를'을 사용하기 때문에 주의가 필요!

バスに乗る = 버스를 타다.
이것도 일본어와 한국어가 다른 점입니다.

마지막으로 목적을 나타내는 「に」도 있습니다. 즉, '쇼핑하러 간다'에 해당되는 일본어는 「買い物に行く」입니다. 동사성 명사(買い物、勉強、散歩 등) 또는 동사의 ます형(書き、食べ、泳ぎ 등등)에 「に 行く」를 붙여서 말하면 '~하러 간다'란 뜻이 됩니다.

❧one point 연습

식사하러 간다. → ( )
수영하러 간다. → ( )
강습 받으러 왔다. → ( )
연수 받으러 왔습니다. → ( )

drill

◆ 연습문제

1. 彼は＿＿＿＿＿＿＿＿＿＿＿＿＿＿＿＿来ますか。
그는 몇 시에 옵니까?

2. 近くへ＿＿＿＿＿＿＿＿＿＿＿＿＿＿＿＿。
근처에 산책하러 갑니다.

3. 学校へいくとき、＿＿＿＿＿＿＿＿＿＿＿＿＿＿＿＿。
학교에 갈 때, 버스를 타고 갑니다.

4. ＿＿＿＿＿＿＿＿＿＿＿＿＿＿＿＿。
백화점은 역 앞에 있습니다.

5. ＿＿＿＿＿＿＿＿＿＿＿＿＿＿＿＿。
나는 鈴木 선생님에게 일본어를 배웠습니다.

word

◆ 단어

그 : 彼(かれ)	몇 시 : 何時(なんじ)	오다 : 来(く)る	근처 : 近(ちか)く
산책 : 散歩(さんぽ)	학교 : 学校(がっこう)	버스 : バス	타다 : 乗(の)る
백화점 : デパート	역 : 駅(えき)	앞 : 前(まえ)	스즈키 선생님 : 鈴木(すずき) 先生(せんせい)
일본어 : 日本語(にほんご)	배우다 : 習(なら)う		

※ '쇼핑하러 간다'는 「買い物に行く」, 「買い物をしに行く」처럼 2가지 표현이 있습니다만 양쪽 다 괜찮은 문장입니다.

～で　～에서

교실 : 教室(きょうしつ)　공부 : 勉強(べんきょう)　～하고 있다 : ～している

教室で勉強しています。

교실에서 공부하고 있습니다.

note

위치를 나타낼 때는 주로 「で」를 사용합니다. 한국어로는 주로 '에서'가 됩니다. 또 도구를 나타낼 때도 「で」를 사용하며 '펜으로 쓴다'는 「ペンで書く」가 됩니다. 이유를 말할 때도 사용하며 '감기 때문에 쉰다'는 「かぜで休む」가 됩니다. 재료도 「で」이며, 즉 '나무로 만든다'는 「木で作る」가 되고, 물건을 살 때 '합쳐서'라는 뜻으로 '3개에 500엔'이라고 할 때에는 「3つで500円」이라고 합니다. 그래서 위치, 도구, 이유, 재료, 합 등을 나타낼 때에 「で」를 사용하게 됩니다.

이 중 위치를 말할 때 「に」와 「で」의 구별이 어렵습니다. '있다, 없다'에 관한 이야기일 때는 「に」가 되며 '동작성이 있을 때'는 「で」가 됩니다.

학생들이 교실에 있습니다. = 学生たちが教室にいる。

학생들이 교실에서 공부하고 있습니다. = 学生たちが教室で勉強している。

❧one point 연습

부산에서 영화제가 있습니다.

→ (　　　　　　　　　　　　　　　　　　　　)

부산에서 서울까지 고속철도로 왔습니다.

→ (　　　　　　　　　　　　　　　　　　　　)

※ '부산에서 서울까지'라고 할 때 「プサンで」가 아니라 「プサンからソウルまで」라고 해야 합니다. 이것은 '에서'는 '에서'지만 방향성이 있는 말이기 때문입니다. 부산에서 무언가를 하는 것이 아니라 부산으로부터 서울까지라는 방향성, 출발 기점을 가리키는 말이니까요.

drill

연습문제

1. どこで＿＿＿＿＿＿＿＿＿＿＿＿＿＿＿＿＿＿＿＿＿＿＿＿＿＿。

   어디서 식사할까요?

2. この用紙に＿＿＿＿＿＿＿＿＿＿＿＿＿＿＿＿＿＿＿＿＿＿＿＿。

   이 용지에 볼펜으로 써 주세요.

3. この容器は＿＿＿＿＿＿＿＿＿＿＿＿＿＿＿＿＿＿＿＿＿＿＿＿。

   이 용기는 무엇으로 만든 것입니까?

4. ＿＿＿＿＿＿＿＿＿＿＿＿＿＿＿＿＿＿＿＿＿＿＿＿＿＿＿＿＿。

   이 사과는 10개에 얼마입니까?

5. ＿＿＿＿＿＿＿＿＿＿＿＿＿＿＿＿＿＿＿＿＿＿＿＿＿＿＿＿＿。

   사토 씨는 감기 때문에 회사를 쉬었습니다.

word

단어

어디 : どこ	식사 : 食事	용지 : 用紙	볼펜 : ボールペン
쓰다 : 書く	용기 : 容器	무엇 : 何	만들다 : 作る
사과 : りんご	10개 : 10個	얼마 : いくら	사토 씨 : 佐藤さん
감기 : かぜ	때문에 :～で、～のため	회사 : 会社	쉬다 : 休む

※

「何で作りましたか」의 발음인데 「何で」는 「なんで」나 「なにで」나 다 됩니다. 이때 「なんで」는 '무엇으로', '왜'라는 2가지 의미가 존재할 수 있습니다. 「なにで」는 '무엇으로'의 뜻뿐입니다.

「か」, 「に」, 「も」 앞에도 「なにか」 「なんか」、「なにに」 「なんに」、「なにも」 「なんも」처럼 「なに」 「なん」 다 됩니다. 「が」, 「を」, 「から」, 「まで」, 「は」 앞에는 「なに」만 허용됩니다.

「なにがほしいですか」는 OK. 「*なんがほしいですか」는 NG.

~たまま　~한 채로

불 : 電気(でんき)　켜다 : つける　~채로 : ~たまま　자버리다 : 寝(ね)てしまう

電気をつけたまま寝てしまった。
불을 켠 채로 자버렸다.

note

어떤 상태를 유지하면서 다른 행동을 할 때에 사용하는 문형입니다. 긍정형은 「~たまま」처럼 「た형」을 사용하지만 부정형은 「~ないまま」로 「た형」을 사용하지 않습니다.

◆ 「まま」와 「きり」

「まま」는 '유지'에 중점이 있고 그 상태가 끝나면 다시 시작이 되는 느낌이 있는 데 비해 「きり」는 그대로 끝나는 느낌으로 다시 시작하는 어감은 없습니다. 그래서 「彼は家を出たまま帰ってこなかった」는 집을 나간 상태가 유지되고는 있지만 언젠가는 집으로 돌아오리라는 어감이 있는데, 「彼は家を出たきり帰ってこなかった」 하면 그는 이제 집으로 돌아올 가능성이 거의 없다는 느낌으로 받아들여집니다.

동사에의 접속은 위에 언급했지만 명사에는 「の」를 붙여서 「もとのまま」, 「そのままにしておいてください」 등으로 말합니다.

관용구처럼 쓰이는 표현으로서 「気ままな人生」, 즉 '제멋대로 보내는 인생, 방자한 인생'이라는 표현에는 「気」 다음에 「の」가 없는데 이것은 「気侭(きまま)」가 한 단어이기 때문입니다. 「手つかずのまま」(손을 대지 않은 채) 등의 표현들이 있습니다.

❧one point 연습

원래대로 두세요.

→ (　　　　　　　　　　　　　　　　　　　　　　　　)

생각한 대로 글을 쓰다.

→ (　　　　　　　　　　　　　　　　　　　　　　　　)

선생님 지시대로 기록했다.

→ (　　　　　　　　　　　　　　　　　　　　　　　　)

drill

연습문제

1. テレビを＿＿＿＿＿＿＿＿＿＿＿＿＿＿部屋を出た。
   텔레비전을 켠 채로 방을 나갔다.

2. カギを＿＿＿＿＿＿＿＿＿＿＿＿＿＿。
   열쇠를 잠그지 않은 채 외출했다.

3. 10年＿＿＿＿＿＿＿＿＿＿＿＿＿＿。
   10년 만에 만났는데 그는 옛날 그대로였다.

4. ＿＿＿＿＿＿＿＿＿＿＿＿＿＿。
   에어컨을 켠 채로 자면 감기가 듭니다.

5. ＿＿＿＿＿＿＿＿＿＿＿＿＿＿。
   가스를 잠그지 않은 채 학교에 와 버렸습니다.

word

단어

- 텔레비전 : テレビ
- 켜다 : つける
- 방 : 部屋(へや)
- 나가다 : 出(で)る
- 열쇠 : かぎ
- 잠그다 : かける、しめる
- 외출하다 : 外出(がいしゅつ)する
- 10년 만에 : 10年ぶりに
- 만나다 : 会(あ)う
- 옛날 : 昔(むかし)
- 그대로 : そのまま
- 에어컨 : エアコン
- 자다 : 寝(ね)る
- 감기 들다 : かぜをひく
- 가스 : ガス
- 학교 : 学校(がっこう)
- 오다 : 来(く)る

※ 부정형으로 사용할 때에 「窓を閉めないまま外出しました」처럼 「ない형」 그대로 「まま」에 연결하면 됩니다. 긍정형일 때만 「た형」에 「まま」를 연결시키는 것입니다.

unit 19

~という ~라고 하는

이것 : これ　　한국 : 韓国　　경제 : 経済(けいざい)　　라고 하는 : という　　책 : 本(ほん)

これは『韓国経済』という本です。

이것은 '한국경제'라고 하는 책입니다.

note

회화에서도 많이 사용되는 문형입니다.

초보자들은 「と」만 붙이고 「という」까지 말하지 않는 편이 많습니다. 즉, 「*韓国経済と本です」식으로 말하는 것이지요. 이는 틀렸습니다. 항상 「という」까지 붙여서 말해야 합니다. 즉, 「韓国経済という本です」라고 해야 하는 것입니다.

뒤에 명사가 오는 경우가 많습니다. 그래서 문형으로서는 '~라고 하는 N', 즉 「~というN」라는 스타일입니다.

❧one point 연습

에쿠니가오리의 '도쿄타워'라는 책입니다.

→ (　　　　　　　　　　　　　　　　　　　　)

무라카미 류의 '한없이 투명에 가까운 블루'라는 책이 있습니까?

→ (　　　　　　　　　　　　　　　　　　　　)

D.P.R.K.라는 약자는 어느 나라입니까?

→ (　　　　　　　　　　　　　　　　　　　　)

drill

◆ 연습문제

1. これは、＿＿＿＿＿＿＿＿＿＿＿＿＿＿＿＿＿＿＿＿。

 이것은 장미라는 꽃입니다.

2. 宮崎駿＿＿＿＿＿＿＿＿＿＿＿＿＿＿＿＿＿＿＿＿。

 미야자키 하야오라고 하는 감독을 알고 있습니까?

3. 中野さん＿＿＿＿＿＿＿＿＿＿＿＿＿＿＿＿＿＿＿＿。

 나카노 씨라는 분으로부터 전화가 왔었습니다.

4. ＿＿＿＿＿＿＿＿＿＿＿＿＿＿＿＿＿＿＿＿。

 어제 '러브 레터'라고 하는 영화를 보았다.

5. ＿＿＿＿＿＿＿＿＿＿＿＿＿＿＿＿＿＿＿＿。

 남동생이 대학에 합격했다는 소식을 받았다.

word

◆ 단어

이것 : これ	장미 : ばら	꽃 : 花(はな)	미야자키 하야오 : 宮崎駿
감독 : 監督(かんとく)	알다 : 知(し)る	분 : 方(かた)	전화 : 電話(でんわ)
어제 : きのう	러브 레터 : ラブレター	영화 : 映画(えいが)	보다 : 見(み)る
남동생 : 弟(おとうと)	대학 : 大学(だいがく)	합격하다 : 合格(ごうかく)する	소식 : 知(し)らせ
받다 : うける			

※ '어제 명동에서 「일본의 스모」라는 책을 샀습니다.' 이것을 「＊きのう、ミョンドンで『日本の相撲』と本を買いました」라고 하면 안 되는 것입니다. 어떻게 해야 되지요? 그래요, 「『日本の相撲』という本を買いました」라고 하면 되는 거지요.

~たち　~들

학생 : 学生(がくせい)　들 : たち　노래 : 歌(うた)　부르다 : 歌う

学生たちが歌を歌っています。

학생들이 노래를 부르고 있습니다.

note

복수형에 대해서 공부합니다. 한국어는 원래 복수형이 있는 언어이지만 일본어는 원래 복수형이 없는 언어입니다.

한국어에서는 '안녕들 하십니까?'라는 표현까지 있지만 이런 표현은 일본사람들에게는 놀라운 표현입니다. '안녕'에 '들'을 붙여서 말한다는 것은 상상도 못하는 거지요. '차들이 많네'라는 표현도 일본어로는 「車が多いね」라고 하지 「車たち」라고는 하지 않습니다. 사람에게는 복수형이 사용되지만 그 외에는 거의 안 쓴다고 생각하면 됩니다.

◆ 「人々(ひとびと)」와 「人たち」

「人々」는 그냥 주어로 될 수 있습니다. 즉, 「人々が忙しく働いている。」라고 말할 수 있습니다.

「人たち」는 그냥 주어로는 못 씁니다. 앞에 수식하는 부분이 있어야 사용이 가능합니다. 즉, 「漫画を読んでいる人たちがいます」라는 문장은 가능합니다. '만화를 보고 있는 사람들이 있습니다'라는 뜻이지요.

「ともだち」는 '친구'라는 뜻인데 이것을 복수형으로 「*ともだちたち」라고 하기는 어렵습니다. 「ともだち」는 단수와 복수의 의미가 포함되어 있는 것입니다.

선생님들은 「先生がた」라고 합니다. 「たち」의 높임말은 「がた」가 되는 것이지요.

「彼」, 「彼女」, 「きみ」 등의 인칭대명사들은 일본어도 복수는 확실히 「彼ら」, 「彼女ら、彼女たち」, 「きみたち」 등으로 합니다.

drill

◆ 연습문제

1. あの＿＿＿＿＿＿＿＿＿＿は何を＿＿＿＿＿＿＿＿＿＿＿＿＿＿＿＿＿。

   저 사람들은 무엇을 하고 있습니까?

2. ＿＿＿＿＿＿＿＿＿＿＿＿＿＿は全員＿＿＿＿＿＿＿＿＿＿＿＿＿です。

   선생님들은 다 박사님입니다.

3. 子ども＿＿＿＿＿＿＿＿＿＿＿＿＿＿＿＿＿＿＿＿＿＿＿＿＿＿。

   아이들은 반듯하게 줄을 서 있습니다.

4. ＿＿＿＿＿＿＿＿＿＿＿＿＿＿＿＿＿＿＿＿＿＿＿＿＿＿＿＿＿。

   이런 책들은 다 버려 주세요.

5. ＿＿＿＿＿＿＿＿＿＿＿＿＿＿＿＿＿＿＿＿＿＿＿＿＿＿＿＿＿。

   네티즌들은 게시판에 항의의 글을 썼습니다.

word

◆ 단어

저 : あの	사람들 : 人々(ひとびと)	선생님 : 先生(せんせい)	다 : みんな、全員(ぜんいん)
박사 : 博士(はかせ)	아이들 : 子(こ)どもたち	반듯하게 : きれいに、きちんと、まっすぐ	
줄을 서다 : 列(れつ)をつくる、並(なら)ぶ		이런 : こんな	책 : 本(ほん)
버리다 : 捨(す)てる	네티즌 : ネティズン	게시판 : 掲示板(けいじばん)	항의 : 抗議(こうぎ)
글 : 字(じ)、文(ぶん)	쓰다 : 書(か)く		

※

「お客様(きゃくさま)がた」, 「先生がた」, 「重役(じゅうやく)がた」 등이 있습니다. 각각 '손님들', '선생님들', '임원들'이라는 뜻입니다. 또 「お偉(えら)がた」라는 단어도 있습니다. 이것은 '높은 분들'이라는 뜻인데 약간 비꼬는 말로 사용합니다.

그리고 「たち」는 「私たち、後輩たち、学生たち、子どもたち、彼女たち」처럼 명사나 대명사에 붙어서 사용합니다. 「彼女たち」는 있는데 「*彼たち」는 없는 점을 주의해야 합니다.

「高橋さんたち」는 '高橋씨와 그 관계자들'이라는 뜻으로 많이 사용하는 스타일이지만 한국어로 '*高橋씨들'처럼 직역하면 어색하게 되겠습니다.

unit 21

～か～か　～지 ～지

사다 : 買(か)う　자기 : 自分(じぶん)　결정하다 : 決(き)める　～하세요 : ～てください

買うか買わないかは、自分で決めてください。

살지 안 살지는 자기가 결정하세요.

note

대조되는 말을 연결해서 한쪽을 선택하거나 결정하려고 할 때에 사용되는 문형입니다. '좋을지 나쁠지'는 「いいか悪いか」가 됩니다.

「か」를 하나만 사용해서 「バスか電車で行きます」라는 문장도 있을 수 있습니다. 물론 이것도 「バスか電車かで行きます」라고 「か」를 두 번 사용해도 좋습니다. 여하튼 '버스나 전철로 가겠습니다'라는 뜻입니다.

❧one point 연습

갈지 말지

→ (　　行くか行かないか　　)

볼지 말지

→ (　　　　)

남자인지 여자인지

→ (　　　　)

성공할지 못할지

→ (　　　　)

drill

◆ 연습문제

1. ________________________________ はっきりしてください。
백인지 흑인지 확실히 하세요.

2. 進学か________________で________________います。
진학할까 취직할까 해서 고민하고 있습니다.

3. ________________________________。
여름방학에는 홍콩이나 대만에 가고 싶다.

4. ________________________________。
시간은 오전이든지 오후든지 사정대로 결정해 주세요.

5. ________________________________
________________________________。
2차는 가라오케로 갈까 좀 더 마실까 어느 쪽이 좋을까요?

word

◆ 단어

백 : 白(しろ)	흑 : 黒(くろ)	확실히 : はっきり	하다 : する
진학 : 進学(しんがく)	취직 : 就職(しゅうしょく)	고민하다 : 悩(なや)む	여름방학 : 夏休(なつやす)み
홍콩 : 香港(ほんこん)	대만 : 台湾(たいわん)	시간 : 時間(じかん)	오전 : 午前(ごぜん)
오후 : 午後(ごご)	편한 대로 : 都合(つごう)のいいように		2차 : 2次会(じかい)
가라오케 : カラオケ	좀 더 : もうすこし	마시다 : 飲(の)む	

※ '백인지 흑인지'라는 표현은 일본어로는 관용적으로 사용되는 표현이며 원래는 '범인인지 아닌지'에서 나온 말인 것 같습니다. 나아가서 일반적으로 두 가지 가운데 어느 쪽이냐 할 때에도 사용하게 되었습니다.

~くらい　~정도

수리 : 修理(しゅうり)　1주일 : 1週間(しゅうかん)　정도 : くらい　걸리다 : かかる

修理には1週間くらいかかります。

수리하는 데에는 1주일 정도 걸립니다.

note

정도를 나타내는 말에 대해서 공부합니다.

「数量」을 나타내는 말에 이어져 대개 그 정도임을 표현합니다.

시각이나 날짜에 붙어서 사용될 때에는 「くらいに」로 합니다. 즉, 「3時くらいにきてください」는 '3시쯤에 오세요'라는 뜻입니다. 시각을 나타낼 때는 「ほど」 사용은 어렵습니다. 즉, 「*3時ほどにきてください」는 쓰지 않습니다. 그러나 「ごろ」는 됩니다. 즉, 「1時ごろ学校へ来ます」.

「ほど」는 '시각'은 안 되지만 '시간'은 괜찮습니다. 「3時間ほど歩いた」는 '3시간 정도 걸었다'란 뜻입니다. 표제의 예문에서 '수리하는 데에 1주일 정도 걸립니다'는 「1週間ほどかかります」로 바꿔도 상관이 없습니다.

「くらい」는 '양'을 나타내며 「ごろ」는 대충 '시각'을 나타낸다고 보면 됩니다. 또 관용구 '하면 할수록'은 「すればするほど」가 되며 이 「ほど」는 「くらい」로 바꿀 수 없습니다. 「くらい」와 「ぐらい」는 같은 말입니다.

- '~할 바에야' = 「~するくらいなら」
  あいつに助けてもらうくらいなら、死んだほうがましだ。
  저 놈한테 도움을 받을 바에야 죽는 편이 낫다.

- 「ごろ」와 「ころ」
  「ごろ」 사용 예 : 「このごろ(요즘)」, 「ちかごろ(최근)」
  「ころ」 사용 예 : 「このころ(그 당시)」, 「子供のころ(어렸을 때)」 등

여기서 「このごろ」와 「このころ」가 다르다는 것이 중요합니다. 즉, 「このごろ」는 '요즘'이란 뜻이고, 「このころ」는 예를 들어 어렸을 때의 이야기를 하고 있다면 '그 어렸을 때', '그 당시'란 뜻이 됩니다.

drill

◆ 연습문제

1. 日本語を＿＿＿＿＿＿＿＿＿＿＿＿＿＿＿＿＿＿勉強しましたか。

   일본어를 어느 정도 공부했습니까?

2. 来年の＿＿＿＿＿＿＿＿＿、日本へ＿＿＿＿＿＿＿＿＿＿＿＿。

   내년 9월경에 일본으로 갑니다.

3. この仕事を＿＿＿＿＿＿＿＿＿、＿＿＿＿＿＿＿＿＿＿＿＿。

   이 일을 하는 데 며칠 정도 걸렸습니까?

4. ＿＿＿＿＿＿＿＿＿＿＿＿＿＿＿＿＿＿＿＿＿＿＿＿＿＿

   ＿＿＿＿＿＿＿＿＿＿＿＿＿＿＿＿＿＿＿＿＿＿＿＿＿＿。

   커피를 마실 바에야 주스를 마시는 편이 낫다.

5. ＿＿＿＿＿＿＿＿＿＿＿＿＿＿＿＿＿＿＿＿＿＿＿＿＿＿。

   담배만큼 몸에 해로운 것은 없다.

word

◆ 단어

일본어 : 日本語(にほんご)	어느 정도 : どのぐらい	공부하다 : 勉強(べんきょう)する	내년 : 来年(らいねん)
9월경 : 9月(くがつ)ごろ	일 : 仕事(しごと)	하는데 : ～するのに	걸리다 : かかる
커피 : コーヒー	마시다 : 飲(の)む	주스 : ジュース	편 : ほう
낫다 : ました、いい	담배 : たばこ	몸 : 体(からだ)	해롭다 : 悪(わる)い

※ '만큼'에 대해서는 몇 가지 예문을 제시해 둡니다.

　일한 만큼 거두다 → はたらいただけ取(と)り入(い)れる。

　그런 말을 믿을 만큼 어리석지 않다 → そんなことばを信(しん)じるほど愚(おろ)かではない。

이런 예에서 보이듯 '만큼'은 「だけ」, 「ほど」 등으로 표현이 됩니다.

문장에 따라서 「くらい」도 가능합니다. '담배만큼'은 「たばこくらい」.

~前に　~하기 전에

자다 : 寝(ね)る　전에 : 前(まえ)に　책 : 本(ほん)　읽다 : 読(よ)む

寝る前に、本を読みます。

자기 전에 책을 읽습니다.

note

어떤 동작을 하기 전에 무엇인가를 할 때 사용하는 문형으로 「前に」 앞에 오는 동사는 항상 기본형으로 옵니다. 과거의 내용을 말할 때에도 「前」 앞에는 기본형 동사가 옵니다. 즉, 「去年、日本へ行く前に、日本語の勉強をすこししました」는 '작년에 일본에 가기 전에 일어공부를 조금 했습니다'가 됩니다. 명사에 「前に」가 붙을 때는 「の」를 놓고 「講義の前に」처럼 표현하면 됩니다.

❧one point 연습

운전 전에

→ (　　　　　　　　　　　　　　　　　　)

스키 타기 전에

→ (　　　　　　　　　　　　　　　　　　)

마라톤 하기 전에

→ (　　　　　　　　　　　　　　　　　　)

데이트 전에

→ (　　　　　　　　　　　　　　　　　　)

출근 전에

→ (　　　　　　　　　　　　　　　　　　)

보고서 제출하기 전에

→ (　　　　　　　　　　　　　　　　　　)

drill

◆ 연습문제

1. ________________________________、資料を準備します。

   회의 전에 자료를 준비합니다.

2. 昼ごはんを________________、________________。

   점심을 하기 전에 좀 더 연습을 합시다.

3. ________________、シャワーを________________。

   자기 전에 샤워를 합니다.

4. ________________________________。

   20살이 되기 전에는 술은 안 됩니다.

5. ________________________________

   ________________________________。

   대학을 졸업하기 전에 친구와 함께 국내여행을 하고 싶다.

word

◆ 단어

회의 : 会議(かいぎ)	전 : 前(まえ)	자료 : 資料(しりょう)	준비하다 : 準備(じゅんび)する
점심 : 昼(ひる)ごはん	좀 더 : もう少(すこ)し	연습 : 練習(れんしゅう)	자다 : 寝(ね)る
샤워 : シャワー	20살 : 20歳(はたち)	되다 : なる	술 : 酒(さけ)
대학 : 大学(だいがく)	졸업하다 : 卒業(そつぎょう)する	친구 : 友(とも)だち	함께 : いっしょに
국내 : 国内(こくない)	여행 : 旅行(りょこう)		

※ '함께'는 「いっしょに」이며 「* いっしょうに」가 아닙니다. 「う」를 넣지 않도록 해야 합니다.

~するの ~하기

가다 : 行く　가기 : 行くの　싫다 : いやだ

行くのがいやです。

가기가 싫습니다.

note

동사를 명사화시키는 것을 「の」라고 하는데 한국어로는 '~하기'에 해당됩니다. 여기서는 주어로 사용되는 경우를 공부합니다.

이 「の」의 용법은 아주 다양합니다. 대체로 「の」는 「こと」로 바꿀 수 있는데 뒤에 「見る」, 「聞く」 등 감각에 관한 동사 표현이 오면 「こと」는 안 되고 「の」만이 가능하게 됩니다. 즉, '이씨가 걸어가는 것을 보았다'는 「李さんが歩いていくのを見た」가 됩니다. 이 「の」를 「こと」로 바꿀 수가 없다는 것입니다.

drill

◆ 연습문제

1. 本を＿＿＿＿＿＿＿＿＿＿。

   책을 읽는 것을 좋아합니다.

2. 高橋さんは、＿＿＿＿＿＿＿＿＿＿。

   다카하시 씨는 말하는 것이 빠릅니다.

3. レポートを＿＿＿＿＿＿＿＿＿＿。

   리포트를 내는 것을 잊어버렸습니다.

4. ＿＿＿＿＿＿＿＿＿＿。

   모두 함께 식사하는 것은 즐겁습니다.

5. ＿＿＿＿＿＿＿＿＿＿。

   일한 다음에 수영하는 것은 기분이 좋습니다.

word

단어

책 : 本(ほん)	읽다 : 読(よ)む	좋아하다 : すきだ	다카하시 씨 : 高橋(たかはし)さん
말하다 : 話(はな)す	빠르다 : はやい	리포트 : レポート	내다 : 出(だ)す
잊어버리다 : 忘(わす)れる	모두 함께 : みんなで	식사하다 : 食事(しょくじ)をする	즐겁다 : 楽(たの)しい
일하다 : 仕事(しごと)をする	다음 : 次(つぎ)	수영하다 : 泳(およ)ぐ	기분 : 気持(きも)ち

※ '나는 영화를 보는 것을 좋아합니다'의 경우에는 「私は映画を見るのが好きです」가 되는데 이때 「の」를 「こと」로 바꿔서 「映画を見ることが好きです」라고 해도 상관이 없습니다.

이처럼 「の」, 「こと」에 대해서는 그 쓰임새에 대해 아직 모르는 부분이 있을 것이지만 나중에 더 깊이 공부할 것이니 너무 구애받지 말고 가볍게 넘어가도록 합시다.

~ことができる ~할 수 있다

한자 : 漢字(かんじ)　쓰다 : 書(か)く　~ㄹ 수 있다 : できる

漢字を書くことができます。

한자를 쓸 수 있습니다.

note

가능을 나타내는 표현입니다. 동사 기본형에 「ことができる」를 붙이면 '~할 수 있다'란 뜻이 됩니다. 가능이라는 뜻에서는 '능력가능'과 '허가'를 나타낼 때가 있는데 양쪽 다 이 표현으로 사용 가능합니다.

그리고 동사를 변화시켜 '가능동사'라는 형태를 만들어서 사용할 수도 있습니다. 즉, 「行く」라면 「行ける」, 「見る」라면 「見られる」가 되는데 5단동사, 1단동사, 예외동사 각각 만드는 법이 다릅니다.

- 5단동사는 어미가 e—단으로 갑니다.

「行く」의 어미 「く」가 「け」로 바뀌어 「行ける」가 되는 것입니다.

「飲む」 → 「飲める」, 「歌う」 → 「歌える」

- 1단동사는 어미 「る」를 「られる」로 바꿉니다.

「見る」 → 「見られる」, 「食べる」 → 「食べられる」로 하면 됩니다.

- 예외동사

「する」, 「来る」 → 「できる」, 「来られる」가 됩니다.

※

'능력가능'　私は一人でバスに乗れます。
　　　　　나는 혼자서 버스를 탈 수 있습니다.

'허가'　ここから中にはいることができますか。
　　　　여기서 안으로 들어갈 수 있습니까?

요즘 젊은이들이 「見れる」, 「来れる」라는 말을 많이 사용하는데 이것을 「ら抜きことば」라고 합니다. 「ら」를 뺀 말이라는 뜻이지요. 원래는 안 되지만 빈번히 쓰여지는 말이니 참고로 알아두도록 합시다.

그리고 「ことができます」 경우에는 조사로서 「を」를 사용하고, 「書ける」 등의 가능형을 사용할 때는 조사로서 「が」를 사용하는 것이 원칙이지만 가능형을 사용할 때도 「その漢字を書けますか」처럼 그냥 「を」를 사용해도 문제는 없습니다. 실제로도 많이 사용하기 때문에 조사에 신경을 안 써도 됩니다.

drill

연습문제

1. このプールで＿＿＿＿＿＿＿＿＿＿＿＿＿＿＿＿。
   [허가] 이 풀장에서 수영할 수 있습니까?

2. わたしは、＿＿＿＿＿＿＿＿＿＿＿＿＿＿＿＿。
   나는 일본어를 조금 말할 수 있습니다.

3. 日本語＿＿＿＿＿＿＿＿＿＿＿＿＿＿＿＿。
   일본어로 전화를 걸 수 있습니까?

4. ＿＿＿＿＿＿＿＿＿＿＿＿＿＿＿＿。
   나는 아직 포토샵을 사용할 수 없습니다.

5. ＿＿＿＿＿＿＿＿＿＿＿＿＿＿＿＿。
   히라가나는 쓸 수 있지만, 가타카나는 쓸 수 없습니다.

word

단어

풀장 : プール	수영하다 : 泳(およ)ぐ	일본어 : 日本語(にほんご)	조금 : すこし
말하다 : 話(はな)す	~로 : ~で	전화 : 電話(でんわ)	걸다 : かける
아직 : まだ	포토샵 : フォトショップ	사용하다 : 使(つか)う、使用(しよう)する	
히라가나 : ひらがな	가타카나 : カタカナ	쓰다 : 書(か)く	

~しようと思う　~하려고 생각하다

일본 : 日本(にほん)　영화 : 映画(えいが)　보다 : 見(み)る　생각하다 : 思(おも)う

日本映画を見ようと思います。
일본영화를 보려고 생각합니다.

note

의지를 나타내는 표현은 여러 가지가 있습니다. 「行きます」 자체도 일본어에서는 의지를 나타냅니다. 이 unit 26에서는 특별히 의향형(의지형)이라고 불리는 「う형」에 대해 공부합니다. 한국어로서는 '~하려고 한다'의 뜻을 가진 표현입니다. 「行こうと思います」는 '가려고 합니다', '가려고 생각합니다' 등의 뜻입니다. 한국어에서는 '안 가려고 생각한다'도 있는데 이것은 일본어로서는 「行くのをやめよう」, 「行かないことにしよう」 등 다른 표현으로 대신해야 합니다. '안 가려고 한다'와 같은 표현이 일본어로는 없습니다.

◆ 「行こうと思います」와 「行こうとします」

「行こうと思います」	가려고 하는 생각을 갖고 있는 의미
「行こうとします」	직전의 순간적인 느낌

예를 들어 「家を出ようとしたとき、電話が来ました」는 '집을 나가려고 하는 참에 전화가 왔다'라는 의미를 가지며, 집을 나가려고 하는 그 순간적인 동작, 그리고 구체적인 동작에 중점이 있습니다. 「～うと思う」에는 이러한 순간적이고 현장감과 같은 느낌은 없습니다.

◆ 「行こうと思います」와 「行こうと思っています」

「行こうと思います」	말하는 그 때에 생각이 나서 표현한 스타일
「行こうと思っています」	'가려고 하는' 생각을, 말할 때보다 이전에 벌써 가지고 있었다는 의미

여기서는 「う형」 플러스 「と思う」에 대해 공부했지만 사실은 그냥 「と思う」만이라도 중요한 문형입니다. '~라고 생각한다'라는 뜻을 나타내는 이 문형은 일상생활에서도 많이 사용되기 때문에 반드시 마스터해야 할 문형이지요. 예를 들어서 '그는 온다고 생각합니다'는 「彼は来ると思います」가 됩니다.

❧one point연습

書く → (　　　書こう　　　)
する → (　　　　　　　)
来る → (　　　　　　　)
飲む → (　　　　　　　)

drill

◆ 연습문제

1. レポートを＿＿＿＿＿＿＿＿＿＿＿＿＿＿＿。
리포트를 쓰려고 생각합니다.

2. たばこを＿＿＿＿＿＿＿＿＿＿＿＿＿＿＿。
담배를 끊으려고 생각하고 있습니다.

3. 日曜日は、＿＿＿＿＿＿＿＿＿＿＿＿＿＿＿
＿＿＿＿＿＿＿＿＿＿＿＿＿＿＿。
일요일에는 친구와 함께 동경타워에 가려고 합니다.

4. ＿＿＿＿＿＿＿＿＿＿＿＿＿＿＿。
엔지니어가 되려고 생각하고 있습니다.

5. ＿＿＿＿＿＿＿＿＿＿＿＿＿＿＿
＿＿＿＿＿＿＿＿＿＿＿＿＿＿＿。
다음 주에 교수님께 상담하러 가려고 생각합니다.

word

◆ 단어

리포트 : レポート　쓰다 : 書く(か)　생각하다 : 思う(おも)　담배 : たばこ
끊다 : やめる　일요일 : 日曜日(にちようび)　친구 : 友(とも)だち　함께 : いっしょに
동경타워 : 東京(とうきょう)タワー　엔지니어 : エンジニア　되다 : なる　다음 주 : 来週(らいしゅう)
교수님 : 先生(せんせい)、教授(きょうじゅ)　상담하다 : 相談(そうだん)する

※ 『東京タワー』는 江国香織(えくにかおり)가 지은 유명한 소설로 2004년도에는 영화제작도 됐습니다. 독자적이고 매끄러운 문장을 맛보는 것도 일본어 공부에 유익할 것입니다.

~たり~たり　~하기도 하고 ~하기도 하고

교토 : 京都(きょうと)　　쇼핑 : ショッピング　　사적 : 史跡(しせき)　　탐방 : 探訪(たんぼう)、めぐり

京都では、ショッピングしたり史跡めぐりをしたりします。

교토에서는 쇼핑하기도 하고 사적탐방을 하기도 합니다.

note

동사의 「た형」에 「り」를 접속시켜 「たり」를 만듭니다. 「買う」 경우에는 「買ったり」, 「見る」 경우에는 「見たり」, 「する」 경우에는 「したり」가 됩니다. 기본적으로는 동작의 열거를 나타냅니다. 「本を読んだり、テレビを見たりする」는 '책을 읽거나 텔레비전을 보거나 한다'란 뜻입니다.

◆ 반대적인 뜻의 두 가지를 열거시켜서 사용하는 경우

「泣(な)いたり笑(わら)ったり」	「立ったり座(すわ)ったり」	「さしつさされつ」
울기도 하고 웃기도 하고	서거나 앉거나	주거니 받거니

◆ 긍정형과 부정형으로

「したりしなかったり」, 「見たり見なかったり」, 「買ったり買わなかったり」 등도 있음

그리고 형용사나 명사의 경우에는 별로 사용되지 않습니다. 간혹 「雨だったり晴れだったりします」처럼 명사를 가지고 표현하는 예가 있습니다. 직역하면 '비이기도 하고 맑음이기도 합니다'라는 뜻인데 한국어로는 보통 동사 표현으로 바꿔서 말하게 되지요. 즉, '비가 내리기도 하고 개이기도 합니다'. 일본어도 마찬가지로 「雨が降ったり、晴れたりします」처럼 동사를 기반으로 표현하는 것이 일반적이라 생각됩니다.

❧one point 연습

뛰기도 하고 걷기도 하고

→ (　　　　　　　　　　　　　　　　　　　　　　)

밀거나 당기거나 하고

→ (　　　　　　　　　　　　　　　　　　　　　　)

노래도 부르고 춤도 추고

→ (   )

기타를 치기도 하고 피아노를 치기도 하고

→ (   )

drill

◆ 연습문제

1. 掃除を＿＿＿＿＿＿＿＿＿洗濯を＿＿＿＿＿＿＿＿＿＿＿＿＿＿＿＿。

청소하거나 세탁하거나 합니다.

2. ＿＿＿＿＿＿＿たり＿＿＿＿＿＿＿＿＿たり＿＿＿＿＿＿＿＿＿＿＿＿＿＿。

출입을 하지 마세요.

3. 消したり＿＿＿＿＿＿＿＿＿＿＿＿＿＿＿＿＿＿＿＿＿＿＿＿＿＿＿＿＿＿＿。

껐다 켰다 합니다.

4. ＿＿＿＿＿＿＿＿＿＿＿＿＿＿＿＿＿＿＿＿＿＿＿＿＿＿＿＿＿＿＿＿＿＿＿。

밤에 숙제를 하거나 편지를 쓰거나 합니다.

5. ＿＿＿＿＿＿＿＿＿＿＿＿＿＿＿＿＿＿＿＿＿＿＿＿＿＿＿＿＿＿＿＿＿＿＿。

일본어를 공부하기도 하고 친구와 수다를 떨기도 합니다.

word

◆ 단어

청소하다 : 掃除(そうじ)する	세탁하다 : 洗濯(せんたく)する	출입 : 出入(でい)り	끄다 : 消(け)す
켜다 : つける	밤 : 夜(よる)	숙제 : 宿題(しゅくだい)	편지 : 手紙(てがみ)
쓰다 : 書(か)く	공부하다 : 勉強(べんきょう)する	수다를 떨다 : しゃべる	

※ '앉으나 서나 당신 생각'이라는 노래 가사가 있는데 이것을 일본어로 하면 어떻게 될까요? 그렇지요, 「立っても座ってもあなただけ」처럼 순서를 바꾸는 것이 일반적이라고 할 수 있습니다. 그리고 '당신 생각'은 직역하면 「あなたの考え」가 되지만 여기서는 「あなただけ」라고 하면 시적(詩的)인 표현이 되겠지요.

~たほうがいい　~하는 편이 좋다

좀 : すこし　　쉬다 : 休(やす)む　　편 : ほう　　좋다 : いい

すこし休んだほうがいいです。

좀 쉬는 편이 좋아요.

note

조언이라든가 충고를 할 때 사용하는 표현입니다.

「た형」을 사용하는 것은 그렇게 된 상태를 상상 속에 두고 말하는 것이기 때문에 과거처럼 「た형」을 사용하게 됩니다. 그러나 현재형인 「行くほういい」도 사용은 가능합니다. 의미도 같습니다. 다만 「た형」을 사용하는 편이 많다는 것이지요.

부정형 → 「行かないほうがいい」처럼 「た형」를 사용하지 않습니다.

그리고 문장 끝에 「よ」라는 종조사(終助詞)가 붙는 것도 많습니다. 표제의 예문도 역시 「すこし休んだほうがいいですよ」처럼 종조사 「よ」를 사용하면 더 부드럽고 상냥하게 느낍니다. 이것은 「よ」가 상대방을 배려하는 느낌을 주는 종조사이기 때문입니다.

❧one point 연습

돌아가다. → (　　帰ったほうがいい　　)

내다. → (　　)

먹지 않다. → (　　)

걷다. → (　　)

피우지 않다. → (　　)

듣다. → (　　)

drill

연습문제

1. 病院へ＿＿＿＿＿＿＿＿＿＿＿＿＿＿＿＿＿＿＿＿＿＿＿。

   병원에 가는 편이 좋겠네요.

2. かさを＿＿＿＿＿＿＿＿＿＿＿＿＿＿＿＿＿＿＿＿＿＿＿。

   우산을 가지고 가는 편이 좋습니다.

3. 1時間＿＿＿＿＿＿＿＿＿＿＿＿＿＿＿＿＿＿＿＿＿＿＿。

   1시간 이상 컴퓨터를 하지 않는 편이 좋아요.

4. ＿＿＿＿＿＿＿＿＿＿＿＿＿＿＿＿＿＿＿＿＿＿＿＿＿。

   자, 바로 약을 먹는 편이 좋습니다.

5. ＿＿＿＿＿＿＿＿＿＿＿＿＿＿＿＿＿＿＿＿＿＿＿＿＿。

   오늘은 목욕을 하지 않는 편이 좋습니다.

word

단어

병원 : 病院(びょういん)	편 : ほう	우산 : かさ	가지다 : もつ
1시간 : 1時間(いちじかん)	이상 : 以上(いじょう)	컴퓨터 : コンピュータ	자 : じゃ
바로 : すぐ	약 : 薬(くすり)	오늘 : きょう	목욕 : ふろ

unit 29

~ようになる ~하게 되다

일본어 : 日本語　　말하다 : 話(はな)す　　ㄹ 수 있게 : ~できる　　되다 : なる

日本語が話せるようになりました。

일본어를 말할 수 있게 되었습니다.

note

불가능한 상태로부터 가능한 상태로, 또는 실행하지 않는 상태에서 실행되는 상태로 변화하는 내용을 가리킵니다. 즉 변화를 나타내는 표현이지요.

의미상 가능형을 사용하는 경우가 많습니다. 그러나 「赤ちゃんが立つようになりました」(아기가 서게 되었습니다)처럼 가능형을 안 쓰는 표현들도 물론 있습니다.

부정적인 내용을 나타낼 때도 있습니다. 즉, 「不満を言わないようになった」는 '불만을 말하지 않게 되었다'란 뜻입니다.

drill

◆ 연습문제

1. カタカナが ______________________________。

   가타카나를 쓸 수 있게 되었습니다.

2. なんでも ______________________________。

   무엇이든지 먹을 수 있게 되었습니다.

3. コンピュータの ______________________________。

   컴퓨터 조작을 할 수 있게 되었습니다.

※ '먹을 수 있게 되었습니다'를 「＊食べるになりました」처럼 틀릴 때가 많습니다. 당연히 「食べるようになりました」로 해야 되는데 의외로 이처럼 동사에 직접 「に」만 붙여서 말할 때가 있습니다. 주의해야 할 점이지요. 반드시 동사에 「ように」를 붙여야 하는 것입니다.

4. ____

____。

옆 집 아이가 최근에 제대로 인사하게 되었다.

5. ____

____。

아기가 돌 지나서 겨우 젖을 떼게 되었습니다.

word

◆ 단어

가타카나 : カタカナ	쓰다 : 書(か)く	무엇이든지 : なんでも	먹다 : 食(た)べる
되다 : なる	컴퓨터 : コンピュータ	조작 : 操作(そうさ)	옆 집 : 隣(とな)りの家(いえ)
아이 : 子(こ)ども	최근 : 最近(さいきん)	제대로 : まともに	인사하다 : 挨拶(あいさつ)する
돌 : 1歳の誕生日(たんじょうび)	지나다 : 過(す)ぎる	아기 : 赤(あか)ちゃん	겨우 : やっと
젖을 떼다 : 乳離(ちちばな)れする			

~ように　~도록

숙제 : 宿題(しゅくだい)　　잊다 : 忘(わす)れる　　~도록 : ように　　메모 : メモ

宿題を忘れないようにメモした。

숙제를 잊지 않도록 메모했다.

note

「ように」라는 표현에 대해서 공부합니다. 한국어로는 '~도록'인데 이것을 요긴하게 쓰지 못하는 학생들이 의외로 많습니다. 동사에 붙으며 '~도록 한다'든지 '~도록 부탁한다'라는 뜻을 나타냅니다.

> 10月5日までお送りくださるよう、お願い申し上げます。
> 10월 5일까지 받을 수 있게 보내주시도록 부탁합니다.

이렇게 「ように」가 아니라 「よう」만 사용한 표현도 있습니다. 특히 비즈니스 관계에서 많이 사용되는 표현 중에 하나이므로 잘 기억해 둡시다.

❧one point 연습

잘 보이도록
→ (　　　　　　　　　　　　　　　　　　　　　)

잘 들리도록
→ (　　　　　　　　　　　　　　　　　　　　　)

빨리 외우도록
→ (　　　　　　　　　　　　　　　　　　　　　)

이름도 잊지 않도록
→ (　　　　　　　　　　　　　　　　　　　　　)

잘못을 몇 번이나 하지 않도록
→ (　　　　　　　　　　　　　　　　　　　　　)

drill

◆ 연습문제

1. かぜを＿＿＿＿＿＿＿＿、セーターを＿＿＿＿＿＿＿＿。
   감기 안 걸리도록 스웨터를 입습니다.

2. 親が＿＿＿＿＿＿＿＿、手紙を＿＿＿＿＿＿＿＿。
   부모가 걱정하지 않도록 편지를 씁니다.

3. かならず＿＿＿＿＿＿＿＿＿＿＿＿＿＿＿＿。
   반드시 시간을 지키도록 해 주세요.

4. ＿＿＿＿＿＿＿＿＿＿＿＿＿＿＿＿＿＿＿＿。
   매주 수요일에 리포트를 제출하도록 합시다.

5. ＿＿＿＿＿＿＿＿＿＿＿＿＿＿＿＿＿＿＿＿
   ＿＿＿＿＿＿＿＿＿＿＿＿＿＿＿＿＿＿＿＿。
   위험하니까 기계의 조작을 틀리지 않도록 해 주세요.

word

◆ 단어

감기 걸리다 : かぜをひく	스웨터 : セーター	부모 : 親(おや)	걱정하다 : 心配(しんぱい)する
편지 : 手紙(てがみ)	쓰다 : 書(か)く	반드시 : 必(かなら)ず	시간 : 時間(じかん)
지키다 : 守(まも)る	매주 : 毎週(まいしゅう)	수요일 : 水曜日(すいようび)	리포트 : レポート
제출하다 : 提出(ていしゅつ)する	위험하다 : 危険(きけん)だ	기계 : 機械(きかい)	조작 : 操作(そうさ)
틀리다 : まちがう			

unit 31

~つもり ~할 예정

내년 : 来年(らいねん)　일본 : 日本　유학 : 留学(りゅうがく)　생각 : つもり

来年、日本に留学するつもりです。

내년에 일본에 유학갈 생각입니다.

note

「つもり」는 기본적으로 의지, 의도를 표현합니다. 말하는 사람의 의지도 되고, 제3자의 의지도 됩니다. 부정형은 「行かないつもりです」처럼 부정형 「行かない」에 「つもり」를 붙이면 됩니다. unit 26에서 「~しようと思う」를 공부했지만 이 표현은 여기의 「つもり」하고 비슷합니다. 그런데 「た형」에 「つもり」가 연결될 때는,

◆ 「た형」 플러스 「つもり」 → 「착오(錯誤)」와 「가상(仮想)」의 두 가지

[착오] 「トマトの絵を描いたつもりです」는 '토마토 그림을 그린 셈입니다'이며 본인이 「トマト」 그림을 그릴 생각을 갖고 있지만 보는 사람은 「みかん」 그림인 줄 알고 보는데 본인은 이것은 「トマト」라고 강조하고 주장하는 경우, 이것은 '착오'라고 볼 수 있습니다.

[가상] 「本を買ったつもりで貯金する」라는 예가 있는데 '책을 산 셈치고 저금을 한다'라는 뜻입니다. 「~たつもりで…」라는 형태가 되겠습니다.

◆ 주의 점

「つもり」가 단독으로 사용될 때는 없고 항상 동사의 수식어를 앞에다 두고 사용됩니다. 즉, 「* 私のつもりは、冬休みに勉強することです」라는 표현은 안 된다는 것입니다.

◆ 「つもり」와 「予定」

「つもり」는 자기의 생각이며 의지입니다. 그것에 비해 '예정(予定)'은 자기의 생각일 수도 있고 제3자(예를 들어 회사)의 생각일 수도 있습니다. 즉, 「来週から出張する予定です」는 괜찮은데 「* 来週から出張するつもりです」는 안 된다는 것이지요. 그 회사가 자기 것이라면 괜찮은데 보통 이럴 때는 「つもり」가 아니라 「予定」으로 표현하는 편이 무난합니다.

drill
◆ 연습문제

1. わたしは、________________________________。
   나는 담배를 끊을 생각입니다. ⇒ 「つもり」를 사용

2. 30歳______________、結婚________________________。
   30살까지는 결혼할 생각입니다. ⇒ 「つもり」를 사용

3. 死んだ________________________________
   ________________________________。
   죽은 셈치고 열심히 공부했습니다. ⇒ 「つもり」를 사용

4. ________________________________
   ________________________________。
   앞으로 더 열심히 컴퓨터 기술을 배울 생각입니다. ⇒ 「つもり」를 사용

5. ________________________________。
   나는 그렇게 말한 적은 없습니다. ⇒ 「つもり」를 사용

word
◆ 단어

담배 : たばこ　끊다 : やめる　생각 : つもり　까지 : まで
결혼하다 : 結婚(けっこん)する　죽다 : 死(し)ぬ　~셈 치고 : ～たつもりで　열심히 : いっしょうけんめい
앞으로 : これから　컴퓨터 : コンピュータ　기술 : 技術(ぎじゅつ)
배우다 : 学(まな)ぶ

※ '죽은 셈 치고'는 아주 많이 사용되는 표현입니다. 「死んだつもりで…」라는 표현이 됩니다.

unit 32

~ために ~하기 위하여

자격 : 資格　따다 : とる　위하여 : ために　공부 : 勉強

資格をとるために勉強しています。

자격을 따기 위하여 공부하고 있습니다.

note

어떤 목적을 나타내는 표현입니다. 「ために」 앞에서는 자기의 의지로 실현할 수 있는 내용을 나타내는 내용이 옵니다. 쉽게 말하면 의지적인 표현이 온다는 것이지요.

◆ 「ために」와 「ように」

日本へ留学するために日本語を勉強しています。
일본에 유학가기 위해 일본어를 공부하고 있습니다.
よく聞こえるように大きな声で話してください。
잘 들리도록 큰 소리로 말해 주세요.

이것을 「*よく聞こえるために大きな声で話してください」처럼 해서는 안 됩니다. 「聞こえる」(들리다)는 의지표현이 아니기 때문입니다.

◆ 「ために」의 2가지 용법

台風のために木が倒れました。　[원인]

弁護士になるために司法試験の勉強をしています。　[목적]

「台風のために木が倒れました」는 '태풍 때문에 나무가 넘어졌습니다'란 뜻이며 원인을 나타내고 있습니다. 원인을 나타내는 「ために」 경우 「ために」 뒤에 의지적인 내용이 오면 안 됩니다.

◆ 「*安いために買います」는 NG.

→「安いので買います」
　「安いから買います」

이처럼 「ので」나 「から」 등을 사용해야 합니다. 뒤에 이어지는 「買います」가 의지적인 내용을 나타내고 있기 때문입니다. 이럴 때는 「ために」가 안 된다는 것은 아주 중요합니다.

drill

◆ 연습문제

1. 海外旅行______________________________。
   해외여행을 하기 위하여 아르바이트를 하고 있습니다.

2. 家を________________、朝から晩まで________________。
   집을 사기 위하여 아침부터 밤까지 일하고 있습니다.

3. 人気歌手の______________________________。
   인기가수의 공연을 보기 위하여 밤을 새워 줄을 섰다.

4. __________________________________。
   더위 때문에 가축들이 많이 죽었다.

5. __________________________________。
   사고 때문에 현재 5km나 정체입니다.

word

◆ 단어

해외여행 : 海外旅行(かいがいりょこう)	아르바이트 : アルバイト	집 : 家(いえ)	사다 : 買(か)う
아침 : 朝(あさ)	밤 : 夜(よる)、晩(ばん)	일하다 : 働(はたら)く	인기 : 人気(にんき)
가수 : 歌手(かしゅ)	공연 : 公演(こうえん)	보다 : 見(み)る	밤을 새다 : 徹夜(てつや)する
줄을 서다 : 並(なら)ぶ	더위 : 暑(あつ)さ	가축 : 家畜(かちく)	죽다 : 死(し)ぬ
사고 : 事故(じこ)	현재 : 現在(げんざい)	5km : 5キロ	정체 : 渋滞(じゅうたい)

※ '해외여행을 하기 위하여'의 경우 해외여행이 명사입니다. 명사에 이어질 때는 「ために」 앞에 「の」를 넣고 「海外旅行のために」처럼 합니다.

~たことがある　~한 적이 있다

중국 : 中国(ちゅうごく)　가다 : 行(い)く　~ㄴ적 : ~たこと　있다 : ある

中国に行ったことがありますか。

중국에 간 적이 있습니까?

note

경험을 나타내는 표현이므로 과거의 조금 독특한 경험을 나타낼 때 사용합니다.

과거의 경험이라도, 예를 들어 어제의 일이라고 해서 「*きのう朝ごはんを食べたことがあります」 같은 표현은 안 된다는 것입니다. 매일 하는 행동은 이 표현이 아니라 「きのう朝ごはんを食べました」처럼 그냥 과거형태로 표현하면 되는 것입니다.

- 특별하지 않고 평범한 내용에는 「~たことがある」 문형을 사용하지 않습니다.

　「*きのうの晩、頭を洗(あら)ったことがあります」　NG

　「ニュージーランドで1年間暮(くら)したことがあります」　OK

그리고 이 「~たことがある」는 복합술어(複合述語)로서 전체가 하나의 단어인 것처럼 외우는 것이 좋습니다. 분석하지 말라는 것이지요. 한 세트로 다루는 것이 좋은 것입니다. 항상 변화 없는 스타일로 사용되기 때문입니다.

그리고 한국어로는 '먹은 적이 있다'라는 표현보다는 '먹어 본 적이 있다'든지 해서 '본'을 붙이는 경향이 있는데, 일본어로는 이 표현에 해당하는 「~てみたことがある」라고 하면 특별한 느낌을 더 많이 나타내게 됩니다. 즉, 사용은 하지만 드문 느낌이 강하게 되는 것입니다.

※ 한국에서는 남자들이 다 군대에 갑니다. 그렇기 때문에 '나는 군대 생활을 한 적이 있습니다'라는 표현은 일본어로 해석할 때 좀 어색합니다. 즉, 「私は軍隊生活(ぐんたいせいかつ)をしたことがあります」라기보다는 '나는 군대 생활을 했습니다' 「私は軍隊生活をしました」라고 하는 것이 일반적이 아닐까 생각합니다.

그런데 일본 남자들에게 있어서 자위대에서 생활하는 것은 특별한 경험이기 때문에 '나는 자위대에서 생활한 적이 있습니다'라고 해도 괜찮습니다. 「私は自衛隊生活(じえいたいせいかつ)をしたことがあります」

drill

◆ 연습문제

1. てんぷらを＿＿＿＿＿＿＿＿＿＿＿＿＿＿＿＿＿＿＿＿。
   튀김을 먹어 본 적이 있습니까?

2. 新幹線＿＿＿＿＿＿＿＿＿＿＿＿＿＿＿＿＿＿＿＿。
   신칸센을 타 본 적이 있습니까?

3. 日本人のうち＿＿＿＿＿＿＿＿＿＿＿＿＿＿＿＿＿＿＿＿。
   일본사람의 집에 머무른 적이 있습니까?

4. ＿＿＿＿＿＿＿＿＿＿＿＿＿＿＿＿＿＿＿＿
   ＿＿＿＿＿＿＿＿＿＿＿＿＿＿＿＿＿＿＿＿。
   일본의 전통예능인 가부키를 본 적이 있습니다.

5. ＿＿＿＿＿＿＿＿＿＿＿＿＿＿＿＿＿＿＿＿
   ＿＿＿＿＿＿＿＿＿＿＿＿＿＿＿＿＿＿＿＿。
   아키하바라에서 쇼핑한 적이 있습니까?

word

◆ 단어

튀김 : てんぷら　　신칸센 : 新幹線(しんかんせん)　　타다 : 乗(の)る　　일본사람 : 日本人(にほんじん)
집 : 家(いえ)　　머무르다 : 泊(と)まる　　가부키 : 歌舞伎(かぶき)　　아키하바라 : 秋葉原(あきはばら)
쇼핑 : ショッピング

※ 「*私は先週、歌舞伎を見たことがあります」처럼 해서는 안 됩니다. 「先週」라는 시기(시각)를 나타내는 말과 같이 사용해서는 안 된다는 거지요. 이럴 경우에는 '지난주'를 살린다면 「私は先週歌舞伎を見ました」 이렇게 되고, '지난주'를 빼도 된다면 「私は歌舞伎を見たことがあります」가 됩니다.

unit 34

~るところだ ~하는 참이다

비행기 : 飛行機(ひこうき)　지금 : いま　이륙하다 : 飛(と)び立(た)つ、離陸(りりく)する　참 : ところ

飛行機はいま飛び立つところです。

비행기는 지금 이륙하는 참입니다.

note

동사에 붙어서 장면이나 상황, 일어날 일이 어떤 진전단계에 있는지를 기술할 때에 사용됩니다.

◆ 「~るところだ」, 「~ているところだ」, 「~たところだ」 3가지

「るところだ」 → 「出かけるところだ」 같은 예문이 있는데 '외출할 참'이라는 뜻

「ているところだ」 → 「テープを聞いているところだ」처럼 사용해서 '테이프를 듣고 있는 참이다'라는 뜻

「たところだ」 → 「た形」 플러스 「ところだ」로 「ごはんを食べたところだ」같이 사용해 '밥을 지금 막 먹었다'라는 의미

❧one point 연습

막 공부를 끝냈다.

→ (　　　　　　　　　　　　　　　　　　　　　　　　)

책을 읽고 있는 중이다.

→ (　　　　　　　　　　　　　　　　　　　　　　　　)

지갑을 꺼낼 참이다.

→ (　　　　　　　　　　　　　　　　　　　　　　　　)

말을 꺼낼 참이었다.

→ (　　　　　　　　　　　　　　　　　　　　　　　　)

drill

연습문제

1. いま帰って______________________________。
   지금 막 돌아왔습니다.

2. いまお風呂に______________________________。
   지금 목욕을 하고 있는 중입니다.

3. ともだちは______________________________。
   친구는 조금 전에 외출했습니다.

4. ____________________________________
   ____________________________________。
   나도 막 당신한테 전화하려고 하던 참이었습니다.

5. ____________________________________
   ____________________________________。
   지금 전화번호를 찾고 있는 중이니, 잠깐만 기다리세요.

word

단어

지금 : いま　돌아오다 : 帰(かえ)ってくる　목욕을 하다 : 風呂(ふろ)にはいる　친구 : 友(とも)だち

외출하다 : 外出(がいしゅつ)する　도 : ～も　당신 : あなた　전화 : 電話(でんわ)

전화번호 : 電話番号(でんわばんごう)　찾다 : 捜(さが)す　잠깐만 : しばらく　기다리다 : 待(ま)つ

~てもいい ~해도 된다

먹다 : 食べる　된다 : いい

食べてもいいです。

먹어도 됩니다.

note

허가를 나타내는 문형입니다. 동사의 「て형」에 「も」를 붙여서 거기에 「いい」를 붙이면 됩니다.

「使う」 → 「使ってもいい」
「書く」 → 「書いてもいい」

허가를 얻을 때는 의문문으로 「このパソコンを使ってもいいですか」라고 합니다.

답할 때는

[긍정]　「はい、どうぞ」 또는 「はい、使ってもいいです」
[부정]　「いいえ、使ってはいけません」 「いいえ、だめです」 등이 있습니다.

「てもかまわない」도 「てもいい」와 같은 의미입니다. 예를 들어 「あとでやってもかまいません」은 '나중에 해도 됩니다'라는 뜻입니다.

❧one point 연습

여기서 놀아도 됩니까?
→ (　　　　　　　　　　　　　　　　　　　　)
여기에 앉아도 됩니까?
→ (　　　　　　　　　　　　　　　　　　　　)
이 홀을 사용해도 됩니까?
→ (　　　　　　　　　　　　　　　　　　　　)
이 교실에서 회화 연습해도 됩니까?
→ (　　　　　　　　　　　　　　　　　　　　)

drill

◆ 연습문제

1. 入っても＿＿＿＿＿＿＿＿＿＿＿＿＿＿＿＿＿＿＿＿＿＿＿＿＿＿＿＿＿。

   들어가도 됩니까?

2. はい、＿＿＿＿＿＿＿＿＿＿＿＿＿＿＿＿＿＿＿＿＿＿＿＿＿＿＿＿＿。

   네, 됩니다.

3. ちょっと、＿＿＿＿＿＿＿＿＿＿＿＿＿＿＿＿＿＿＿＿＿＿＿＿＿＿＿。

   좀 늦어도 되겠습니까?

4. ＿＿＿＿＿＿＿＿＿＿＿＿＿＿＿＿＿＿＿＿＿＿＿＿＿＿＿＿＿＿＿＿。

   실례지만, 여기에 앉아도 됩니까?

5. ＿＿＿＿＿＿＿＿＿＿＿＿＿＿＿＿＿＿＿＿＿＿＿＿＿＿＿＿＿＿＿＿

   ＿＿＿＿＿＿＿＿＿＿＿＿＿＿＿＿＿＿＿＿＿＿＿＿＿＿＿＿＿＿＿＿。

   이곳에는 저녁 8시부터 아침 5시까지 주차해도 됩니다.

word

◆ 단어

들어가다 : 入(はい)る　　되다 : いい　　늦다 : 遅(おく)れる　　실례 : 失礼(しつれい)

앉다 : 座(すわ)る　　저녁 : 夕(ゆう)がた　　주차하다 : 駐車(ちゅうしゃ)する

~てはいけない ~하면 안 된다

여기 : ここ　사진 : 写真(しゃしん)　찍다 : 撮(と)る　안 된다 : だめ、いけない

ここで写真を撮ってはいけません。

여기서 사진을 찍으면 안 됩니다.

note

금지를 나타내는 표현입니다. 동사 「て형」에 「いけない」를 붙여서 사용합니다. 여기서 「は」는 강조하는 의미로 사용합니다.

금지를 나타내는 표현들은 이 외에

「忘れものをしないように」	물건을 잊지 말도록
「部屋でものを食べないこと」	방 안에서 먹지 말 것
「入るな」	들어가지 마
「張り紙を禁ず」	벽보를 금지함

등이 있습니다.

「～てはいけない」의 공손한 스타일은 「～てはいけません」입니다. 비슷한 표현이지만 「～てはなりません」도 있습니다. 양쪽 의미상으로는 차이가 없습니다. 다만 「なりません」 쪽이 약간 딱딱한 느낌을 주는 표현이라 할 수 있습니다.

❧one point 연습

잡담을 해서는 안 됩니다.
→ (　　　　　　　　　　　　　　　　　　　　　　)

놀기만 해서는 안 됩니다.
→ (　　　　　　　　　　　　　　　　　　　　　　)

촬영해서는 안 됩니다.
→ (　　　　　　　　　　　　　　　　　　　　　　)

들어가서는 안 됩니다.
→ (　　　　　　　　　　　　　　　　　　　　　　)

drill

연습문제

1. 遅刻＿＿＿＿＿＿＿＿＿＿＿＿＿＿＿＿＿＿＿＿。
   지각하면 안 됩니다.

2. このコンピュータを＿＿＿＿＿＿＿＿＿＿＿＿＿＿＿＿。
   이 컴퓨터를 사용하면 안 됩니다.

3. 酒を＿＿＿＿＿＿＿＿＿＿＿＿＿＿＿＿＿＿＿＿。
   술을 마시고 운전하면 안 됩니다.

4. ＿＿＿＿＿＿＿＿＿＿＿＿＿＿＿＿＿＿＿＿＿＿。
   한 번 두 번의 실패로 포기해서는 안 된다.

5. a) ＿＿＿＿＿＿＿＿＿＿＿＿＿＿＿＿＿＿＿＿＿。
   저기에 무엇이라고 써 있습니까?

   b) ＿＿＿＿＿＿＿＿＿＿＿＿＿＿＿＿＿＿＿＿＿。
   '잔디밭에 들어가서는 안 된다'라고 써 있습니다.

word

단어

지각하다 : 遅刻(ちこく)する	컴퓨터 : コンピュータ	사용하다 : 使(つか)う	술 : 酒(さけ)
마시다 : 飲(の)む	운전하다 : 運転(うんてん)する	한 번 : 一度(いちど)	두 번 : 二度(にど)
실패 : 失敗(しっぱい)	포기하다 : あきらめる	잔디밭 : 芝生(しばふ)	

~なければならない ~해야 한다

요금 : 料金　지불하다 : 払う、支払う　~해야 한다 : なければならない

料金を払わなければなりません。

요금을 지불해야 합니다.

note

의무를 나타내는 표현입니다.

「なければ」, 「ならない」, 「なくては」, 「いけない」

위 4개가 조합되면서 4개 표현이 가능합니다. 즉, 「なければならない」, 「なくてはならない 「なければいけない」, 「なくてはいけない」이지요.

「なければならない」, 「なくてはならない」

→ 행위자의 의지와 상관이 없이 사회적으로나 상식적으로 요구되는 상황을 나타내는 경향이 있습니다. 즉, 누구에게나 그렇게 해야 할 의무 · 필요성이 있다는 뜻을 나타내는 것입니다.

「なければいけない」, 「なくてはいけない」

→ 개별적인 사정으로 의무나 필요성이 생겼을 때에 사용되는 경향이 있습니다. 즉, 행위자의 직접적인 판단에 의해 '하지 않으면 안 된다'고 말할 때에 사용되는 경향이 있다는 것입니다.

그러나 이런 구분들이 분명하게 정해져 있는 것이 아니라 그러한 경향이 있다는 것뿐입니다. 또 「なければだめだ」, 「なくてはだめだ」라는 표현들도 있습니다. 이것들은 「なければいけない」, 「なくてはいけない」의 더 회화적인 스타일이라고 말할 수 있습니다.

그리고 「なければ」 대신에 「ねば」를, 「ならない」 대신에 「ならぬ」를 사용해서 「ねばならぬ」라는 표현도 있습니다. 이것은 주로 문장체로서 「人生には我慢せねばならぬこともある」(인생에는 견디어야 할 것도 있다), 「男にはそうせねばならぬ時がある」(남자에게는 그렇게 해야만 하는 때가 있다)처럼 속담이나 훈계를 말할 때에 사용됩니다.

drill

연습문제

1. ボールペンで＿＿＿＿＿＿＿＿＿＿＿＿＿＿＿。

   볼펜으로 써야 합니다.

2. そろそろ＿＿＿＿＿＿＿＿＿＿＿＿＿＿＿。

   슬슬 집으로 돌아가야 합니다.

3. 大衆＿＿＿＿＿＿を＿＿＿＿＿＿＿＿＿＿＿。

   대중교통수단을 이용하여야 합니다.

4. ＿＿＿＿＿＿＿＿＿＿＿＿＿＿＿＿＿＿＿＿

   ＿＿＿＿＿＿＿＿＿＿＿＿＿＿＿＿＿＿＿＿。

   일본에서 어느 정도 실습해야 합니까?

5. ＿＿＿＿＿＿＿＿＿＿＿＿＿＿＿＿＿＿＿＿

   ＿＿＿＿＿＿＿＿＿＿＿＿＿＿＿＿＿＿＿＿。

   언제까지 이 책을 돌려주어야 합니까?

word

단어

볼펜 : ボールペン	쓰다 : 書(か)く	슬슬 : そろそろ	돌아가다 : 帰(かえ)る
대중교통수단 : 大衆交通手段(たいしゅうこうつうしゅだん)		이용하다 : 利用(りよう)する	어느 정도 : どのくらい
실습하다 : 実習(じっしゅう)する	언제까지 : いつまで	책 : 本(ほん)	돌려주다 : 返(かえ)す

~なくてもいい　~하지 않아도 된다

패스포트 : パスポート　　보여주다 : 見せる　　되다 : いい

パスポートを見せなくてもいいです。
패스포트를 보여주지 않아도 됩니다.

note

어떤 필요성이 없다는 내용을 나타냅니다.

「お金を払わなくてもいいですか」(돈을 안 내도 됩니까?)에 대한 답으로서 「はい、お金を払わなくてもいいです」(네, 돈을 안 내도 됩니다) 그렇게 할 필요는 없다는 의미를 나타냅니다. 「なくてもいい」는 「なくともいい」라고 말해도 상관이 없습니다.

이 표현들은 또한 어떤 내용을 허가할 때에도 사용이 됩니다. '리포트를 제출하지 않아도 됩니까?'라고 물었을 때 「はい、出さなくてもいいです」(네, 제출하지 않아도 돼요)라고 답한다면 허가를 낸 셈이지요.

「なくてもかまいません」, 「必要ありません」 등의 표현도 있습니다.

「入場料を払わなくてもかまいません」　입장료를 안 내도 됩니다.
「写真を出す必要はありません」　사진을 낼 필요가 없습니다.

❧one point 연습

안 보내도 됩니다.
→ (　　　　　　　　　　　　　　　　)

돈은 지불하지 않아도 됩니다.
→ (　　　　　　　　　　　　　　　　)

빨리 걸어가지 않아도 됩니다.
→ (　　　　　　　　　　　　　　　　)

주민번호는 기입하지 않아도 됩니다.
→ (　　　　　　　　　　　　　　　　)

drill

◆ 연습문제

1. レポートを＿＿＿＿＿＿＿＿＿＿＿＿＿＿＿＿＿＿＿＿。

   리포트를 안 내도 됩니다.

2. 会社に＿＿＿＿＿＿＿＿＿＿＿＿＿＿＿＿＿＿＿＿。

   회사에 전화를 안 걸어도 됩니다.

3. このお金は＿＿＿＿＿＿＿＿＿＿＿＿＿＿＿＿＿＿＿＿。

   이 돈은 갚지 않아도 됩니다.

4. ＿＿＿＿＿＿＿＿＿＿＿＿＿＿＿＿＿＿＿＿

   ＿＿＿＿＿＿＿＿＿＿＿＿＿＿＿＿＿＿＿＿。

   시간은 충분히 있으니까, 그렇게 서두르지 않아도 됩니다.

5. ＿＿＿＿＿＿＿＿＿＿＿＿＿＿＿＿＿＿＿＿

   ＿＿＿＿＿＿＿＿＿＿＿＿＿＿＿＿＿＿＿＿。

   입학수속은 반드시 본인이 가지 않아도 됩니다.

word

◆ 단어

리포트 : レポート	내다 : 出(だ)す	회사 : 会社(かいしゃ)	전화 : 電話(でんわ)
걸다 : かける	돈 : お金(かね)	갚다 : 返(かえ)す	시간 : 時間(じかん)
충분하다 : 十分(じゅうぶん)だ	그렇게 : そんなに	서두르다 : 急(いそ)ぐ	입학 : 入学(にゅうがく)
수속 : 手続(てつづ)き	반드시 : かならず	본인 : 本人(ほんにん)	

unit 39

~かもしれない ~할지도 모른다

내일 : あした　　비 : 雨(あめ)　　오다 : 降(ふ)る

あしたは雨が降るかもしれません。

내일은 비가 올지도 모릅니다.

note

말하는 사람의 발화(発話) 시에 있어서의 추측을 나타냅니다. 한국어로는 '~할지도 모른다'라는 뜻입니다.

'모른다'는 보통 일본어로는 「しらない」인데 이 문형을 사용할 때는 「しれない」가 된다는 것이 중요합니다.

명사에 접속될 때는 「雨かもしれない」처럼 명사에 직접 「かもしれない」를 붙이면 됩니다. 부정형과 같이 사용할 때는 「雨が降らないかもしれない」입니다.

◆ 「だろう」 → 「かもしれない」보다 확실성이 크다

「だろう」는 말하는 사람이 거의 그렇게 될 것을 믿으면서 말할 때 사용됩니다. 즉, 「あしたは雨が降るだろう」는 '내일은 비가 올 것이다'라는 뜻을 나타냅니다.

공손한 표현은 「雨が降るでしょう」가 되는데 이 표현은 일방적으로 통보하는 느낌을 주기 때문에 회화에서는 거의 안 쓰고, 날씨예보에서 예보관이 일방적으로 통보할 때나 사용됩니다.

그리고 이 「でしょう」는 끝을 올리면 확인요구(確認要求)의 의미가 됩니다. 즉, 「これ、高橋さんのでしょう?」는 '이거, 다카하시 씨 것이지요?'라는 의미가 되어 추측의 의미가 없게 됩니다.

drill

연습문제

1. あさっては＿＿＿＿＿＿＿＿＿＿＿＿＿＿＿＿＿＿＿＿。
   모레는 눈이 올지도 모릅니다.

2. ＿＿＿＿＿＿＿＿＿彼は＿＿＿＿＿＿＿＿＿＿＿＿＿＿＿。
   어쩌면 그는 안 올지도 모릅니다.

3. これから＿＿＿＿＿＿＿＿＿＿＿＿＿＿＿＿＿＿＿＿＿。
   이제부터 점점 더워질 것입니다.

4. ＿＿＿＿＿＿＿＿＿＿＿＿＿＿＿＿＿＿＿＿＿＿＿＿＿
   ＿＿＿＿＿＿＿＿＿＿＿＿＿＿＿＿＿＿＿＿＿＿＿＿＿。
   도로가 막히니까 시간에 대지 못할지도 모릅니다.

5. ＿＿＿＿＿＿＿＿＿＿＿＿＿＿＿＿＿＿＿＿＿＿＿＿＿
   ＿＿＿＿＿＿＿＿＿＿＿＿＿＿＿＿＿＿＿＿＿＿＿＿＿。
   아직 일이 끝나지 않았으니까 파티에는 못 갈지도 모릅니다.

word

단어

모레 : あさって	눈 : 雪(ゆき)	오다 : 降(ふ)る	어쩌면 : もしかすると
이제부터 : これから	점점 : だんだん	덥다 : 暑(あつ)い	도로 : 道路(どうろ)、道(みち)
막히다 : 込(こ)む	시간에 대다 : 間(ま)に合(あ)う	아직 : まだ	일 : 仕事(しごと)
끝나다 : 終(お)わる	파티 : パーティ		

※ '어쩌면'은 「もしかすると」, 「もしかしたら」, 「ひょっとすると」, 「ひょっとしたら」의 4가지 표현이 있습니다. 같은 의미지요. 그런데 「もしかすると～かもしれない」처럼 세트로 사용될 때가 많습니다. 이렇게 같이 세트로 사용되는 현상을 호응(呼応)이라고 합니다. 호응에는 「たぶん～だろう」, 「決して～ない」 등이 있습니다.

~かどうか ~할지 어떨지

저 사람 : あの人(ひと)　　오다 : 来(く)る　　알다 : 知(し)る

あの人が来るかどうか知っていますか。

저 사람이 올지 안 올지 알고 있습니까?

note

'~할지 안 할지', '~일지 아닐지'라는 뜻을 나타냅니다. 「来るかどうか」는 unit 21에서 언급한 바와 같이 「来るか来ないか」라고 말해도 괜찮습니다.

◆ 의문사(疑問詞)가 있으면

'그가 언제 올지' → 「彼がいつ来るか」처럼 되어 「どうか」 부분이 없어집니다.

◆ 「か」의 용법

「何年か前に、彼に会いました」 몇 년 전에 그와 만났습니다.

여기서 「か」를 빼버리고 「何年前に」라고 하면 안 됩니다. 이 「か」는 아주 중요한 「か」입니다. 일본어 능력이 높은 학습자들도 이 「か」를 실수할 때가 많으므로 명심해야 합니다.

❧one point 연습

며칠 전에 차를 샀습니다. → (　　　　　　　　　　)

어제도 몇 시간 공부했습니다. → (　　　　　　　　　　)

한국어에는 이 「か」에 해당되는 용법이 없으므로 틀리기 쉬운 부분입니다. 초급단계부터 주의해서 공부하기 바랍니다.

만약에 의문문이라면, 즉 '몇 년 전에 만났습니까?'라는 문장일 때에는 「何年前に会いましたか」라고 하게 되어 「か」는 맨 끝에 두게 됩니다. 그리고 한국어로 '~갈지 여부'라는 말을 많이 사용하는데 이것은 일본어로는 「行くかどうか」로 하면 좋을 것입니다.

drill

연습문제

1. 会議が____________________。
   회의가 있을지 없을지 알고 있습니까?

2. 新しい授業が____________________。
   새 수업이 몇 시부터인지 알고 있습니까?

3. それが、____________________。
   그것이 진짜 돈인지 의심스럽다.

4. ____________________。
   저 사람과는 언젠가 만난 적이 있습니다.

5. ____________________
   ____________________。
   저 영화가 재미있는지의 여부는 볼 때까지는 모른다.

word

단어

회의 : 会議(かいぎ)　　수업 : 授業(じゅぎょう)　　몇 시 : 何時(なんじ)　　의심스럽다 : 怪(あや)しい
진짜 돈 : 本当(ほんとう)のお金、ほんもののお金　　언젠가 : いつか　　만나다 : 会(あ)う
영화 : 映画(えいが)　　재미있다 : おもしろい

※ '그가 언제 올지'를 「彼がいつ来るか」처럼 하는데 이것을 「＊彼がいつ来るかどうか」라고 하면 틀립니다. 「いつ」 등 의문사가 오면 「どうか」 부분이 없어지는 것을 잊어버리면 안 됩니다. 그리고 의문사 없이 「彼が来るかどうかわかりません」라는 표현을 「彼が来るかわかりません」처럼 「どうか」 부분을 생략해서 말하는 때가 있습니다. 특히 회화에서는 이런 표현이 많이 사용됩니다.

~と ~하면

봄 : 春(はる)　　되다 : なる　　꽃 : 花(はな)　　피다 : 咲(さ)く

春になると花が咲きます。

봄이 되면 꽃이 핍니다.

note

조건(条件)의 표현이라고 합니다. 한국어로는 '~하면'이라는 말인데 이것은 일본어로는 「と」, 「ば」, 「たら」, 「なら」 등 4가지가 있어서 한꺼번에 정리하기가 좀 어렵습니다. 하나씩 정리해 나가 봅시다.

◆ 「と」

이 말 뒤에 동작성의 문장이 오면 안 됩니다. 이것이 특징입니다. 즉, '밤이 되면 불을 켜 주세요'는 「* 夜になると、電気をつけてください」라고 하면 안 된다는 것입니다. 왜냐하면 '~하면' 뒤에 이어지는 문장이 '불을 켜 주세요'라는 부탁하는 문장, 즉 의지를 나타내는 내용이기 때문입니다. 한국어로는 괜찮은데 일본어 「と」 경우에는 안 된다는 것입니다.

「つけましょう = 켭시다」, 「つけなさい = 켜라」, 「つけてください = 켜 주세요」, 「つけたい = 켜고 싶다」 등 의지에 관한 문장이 오면 「と」를 사용하지 못한다는 것입니다.

이때에는 「と」를 사용하면 안 되고, 「夜になったら電気をつけてください」처럼 「たら」라는 말을 사용하는 것이 옳습니다. 「と」는 자연의 섭리나 수학적인 내용, 자동으로 그렇게 된다는 어감을 나타낼 때 사용됩니다.

◆ 발견의 「と」

「朝起きてみると、雪が降っていた」 → 아침에 일어났더니 눈이 오고 있었다.

이러한 '발견'을 표현할 때는 「と」로 말할 수 있습니다. 「行ってみると、彼はいなかった」는 '가 보았더니 그는 없었다'라는 뜻입니다. 이 문장의 「と」에 이어지는 부분은 「降っていた」, 「いなかった」 등 항상 과거의 내용입니다.

drill

◆ 연습문제

1. 5に3を________________________。

 5에 3을 더하면 8이 됩니다.

2. 雨が____________、____________。

 비가 오면 물의 양이 많아집니다.

3. 酸素と____________、____________。

 산소와 수소를 섞으면 물이 됩니다.

4. ________________________。

 집으로 돌아왔더니 일본에서 편지가 와 있었다.

5. ________________________

 ________________________。

 쭉 가서 오른쪽으로 돌면 도서관이 있습니다.

word

◆ 단어

더하다 : 足(た)す	비 : 雨(あめ)	물량 : 水(みず)かさ、水の量(りょう)	많아지다 : 増(ふ)える
산소 : 酸素(さんそ)	수소 : 水素(すいそ)	섞다 : 混(ま)ぜる	물 : 水(みず)
돌아오다 : 帰(かえ)る	편지 : 手紙(てがみ)	쭉 : まっすぐ	오른쪽 : 右(みぎ)のほう
돌다 : 曲(ま)がる	도서관 : 図書館(としょかん)		

※ 「と」는 '오른쪽으로 돌면', '운동하면 건강해집니다' 등 자연현상이나 길을 안내하는 문장에 많이 사용됩니다. 「と」 뒤에 의지표현이 안 된다는 것은 아무리 강조해도 지나치지 않습니다.

unit 42

～ば ～하면

저 : あの　　산 : 山(やま)　　올라가다 : 登(のぼ)る　　바다 : 海(うみ)　　보이다 : 見(み)える

あの山に登れば海が見えます。

저 산에 올라가면 바다가 보입니다.

note

조건(条件)을 나타내는 표현 중에서 두 번째는 「ば」입니다. 가장 가정(仮定)조건적인 표현이라고 말할 수 있습니다.

この薬を飲めばなおります。飲まなければなおりません。
이 약을 먹으면 낫습니다. 안 먹으면 낫지 않습니다.

약을 '먹으면' '낫고', '안 먹으면' '낫지 않다'라는 내용은 바로 가정조건의 전형적인 예로 볼 수 있습니다. 다른 표현, 예를 들어 「この薬を飲んだら」나 「この薬を飲むと」 등 사용 가능하지만 이럴 때에 「ば」가 가장 어울린 것이지요.

「ば」의 문말제한(文末制限)에 대해 언급합시다.

◆ 「X ば、Y」

Y가 의지(意志)나 희망(希望)을 나타낼 경우에 문말제한이 있는 것입니다. 즉, 이럴 경우 'X' 부분에 상태성(状態性) 동사가 오면 문제가 없는데 'X' 부분에 동작성(動作性) 동사가 오면 어색한 문장이 되어 버린다는 것입니다.

예를 들어볼까요. 「お金があれば 買おう」는 'X'에 해당되는 부분이 「あれば」인데 이 동사 '있다'는 '상태성 동사'라고 볼 수 있습니다. 그래서 이 문장은 올바른 문장이 됩니다.

그런데 「＊あしたここへ来れば ジョギングしよう」는 'X'에 해당되는 부분이 「来れば」인데, 이 동사 '오다'는 '동작성 동사'이지요. 그래서 이 문장은 「ば」의 문말제한에 걸려 올바른 문장이 아니라는 것입니다. 「ここへ来たら」처럼 「たら」를 사용하면 문제는 없습니다.

◆ 반복 습관

彼は暇さえあれば、いつもテレビを見ている。
그는 틈만 있으면 항상 TV를 보고 있다.

父は東京へ行けばかならずお土産を買ってきてくれた。
아버지는 도쿄에 가기만 하면 반드시 선물을 사오셨다.

이런 식으로 반복이나 습관적인 내용을 나타낼 때에 이 「ば」를 사용하는 것입니다. 「ば」에 대해서는 이외에도 많은 내용이 있지만 여기서는 기본적인 것으로서 이 정도로 합시다.

drill

◆ 연습문제

1. ______________________________。
겨울이 되면 눈이 내린다. ⇒ 「ば」를 사용

2. ______________________________
______________________________。
애견인 포피는 주인 얼굴을 보면 뛰어온다. ⇒ 「ば」를 사용

3. ______________________________
______________________________。
이렇게 싸면 꼭 많이 팔린다고 생각합니다. ⇒ 「ば」를 사용

4. ______________________________
______________________________。
이번 일요일에 날씨가 좋으면 하이킹 가자. ⇒ 「ば」를 사용

5. ______________________________
______________________________。
15년 정도 전까지만 해도 시내에서 조금 떨어지면 얼마든지 자연이 남아 있었다.
⇒ 「ば」를 사용

word

◆ 단어

겨울 : 冬(ふゆ)	눈 : 雪(ゆき)	내리다 : 降(ふ)る	애견 : 愛犬(あいけん)
포피 : ポピー	주인 : 主人(しゅじん)	얼굴 : 顔(かお)	뛰어오다 : 飛(と)んでくる
싸다 : 安(やす)い	꼭 : きっと	팔리다 : 売(う)れる	날씨 : 天気(てんき)
이번 일요일 : こんどの日曜日(にちようび)		하이킹 : ハイキング	정도 : ほど
전 : 前(まえ)	시내 : 市内(しない)	자연 : 自然(しぜん)	

~たら　~하면

읽다 : 読む　　돌려주다 : 返す

読んだら、私に返してください。

읽으면 나한테 돌려주세요.

note

「たら」는 「と」, 「ば」와는 달리 문말제한(文末制限)이 거의 없습니다. 문말(文末)이 명령(命令) · 권유(勧誘) · 금지(禁止) 등 의지(意志)에 관한 내용이 와도 「たら」는 문제없이 사용 가능합니다.

このプロジェクトが終わったら、長い休みをとるつもりだ。
이 프로젝트가 끝나면 긴 휴가를 받을 생각이다.

문말이 「つもりだ」, 즉 의지표현이 되어 있지만 「たら」는 그대로 사용할 수 있습니다. 이때 「終わると」는 전혀 안 되고 「終われば」는 「ば」 부분이 상태성이기 때문에 사용 가능합니다.

◆ 「たら」의 문말제한

* 男は部屋に入ったら、友だちに電話した。 → 안 됨
男は部屋に入ると、友だちに電話した。 → 괜찮음
남자는 방에 들어가자 친구에게 전화를 걸었다.

문말제한이 거의 없는 「たら」이지만 문장 끝이 과거형이 되는 경우에는 제한이 있습니다. 끝이 사람의 의지로 컨트롤 가능한 동작, 예를 들어 '전화를 했다'가 오면 「たら」는 안 되고 「と」를 사용해야 한다는 점이 중요합니다.

문말에 「家に帰ったら、手紙が届いていた」(집에 돌아갔더니 편지가 와 있었다)처럼 무의지(無意志) 표현이 올 때는 「たら」를 사용해도 아무 상관이 없습니다. 이 문장은 「と」를 사용해서 「家に帰ると」도 가능한 것은 unit 41에서 언급했습니다.

drill 연습문제

1. 暇が＿＿＿＿＿＿＿＿＿＿＿＿＿＿＿＿＿＿＿＿＿＿＿＿。
   틈이 있으면 해외여행을 하고 싶다. ⇒ 「たら」를 사용

2. 酒を＿＿＿＿＿＿＿＿＿＿＿＿＿＿＿＿＿＿＿＿＿＿＿＿。
   술을 마셨으면 자가용을 운전하지 마. ⇒ 「たら」를 사용

3. ＿＿＿＿＿＿＿＿＿＿＿＿＿＿＿＿＿＿＿＿＿＿＿＿＿＿。
   복권에 당첨되면 무엇을 하고 싶어요? ⇒ 「たら」를 사용

4. ＿＿＿＿＿＿＿＿＿＿＿＿＿＿＿＿＿＿＿＿＿＿＿＿＿＿。
   만약에 늦었으면 전화해 주세요. ⇒ 「たら」를 사용

5. ＿＿＿＿＿＿＿＿＿＿＿＿＿＿＿＿＿＿＿＿＿＿＿＿＿＿。
   공항에 도착했더니 친구가 마중하러 와 있었다. ⇒ 「たら」를 사용

word 단어

틈 : 暇(ひま)	해외여행 : 海外旅行(かいがいりょこう)	술 : 酒(さけ)	마시다 : 飲(の)む
자가용 : 車(くるま)	운전하다 : 運転(うんてん)する	복권 : 宝(たから)くじ	당첨되다 : 当(あ)たる、当籤(とうせん)する
만약 : もしも	늦다 : 遅(おく)れる, 遅(おそ)い	공항 : 空港(くうこう)	도착 : 到着(とうちゃく)
친구 : 友だち	마중하다 : 迎(むか)える		

※ '시간이 있으면 갑니다'의 경우 「時間があったら行きます」, 「時間があれば行きます」처럼 「たら」, 「ば」는 문제가 없는데 「＊時間があると行きます」처럼 「と」는 안 됩니다. 「行きます」가 의지표현이기 때문이지요. 「ば」가 괜찮은 이유는 '시간이 있으면' 부분이 상태성 동사 「あれば」이기 때문입니다. 「たら」가 가장 광범위하게 사용 가능하다는 사실은 깊이 알아두어야 합니다.

~なら ~하면

마시다 : 飲(の)む　타다 : 乗(の)る

飲んだら乗るな、乗るなら飲むな。

마셨으면 타지 마, 타려면 마시지 마.

note

표제에 다룬 것은 일본에서는 유명한 표어입니다. 음주운전을 단속하는 표어 중의 하나이며 이 문장은 「たら」와 「なら」의 용법을 아주 전형적으로 설명해 주고 있습니다. 술을 마셨다면 차를 타지 말라고 하는 부분은 「たら」에 대한 부분이며, 후반에 차를 타려면 술을 마시지 말라고 하는 부분은 「なら」를 사용합니다.

여기서 알 수 있듯이 「なら」는 앞으로의 일에 대해서 언급하는 것이고, 충고나 조언을 할 때나 금지를 말할 때에 사용되기 쉽습니다.

「日本へ行くなら、北海道(ほっかいどう)ですよ」 → 일본으로 간다면 북해도가 좋아요.

「お酒なら、マッコルリですよ」 → 술이라면 막걸리가 제일이네요.

아직 이루어지지 않은 일에 대해 언급할 때, 그리고 충고나 조언, 또는 금지의 뜻을 나타낼 때에 이 「なら」가 적용된다는 예들입니다.

drill

연습문제

1. 海外＿＿＿＿＿＿＿＿＿＿＿＿＿＿＿＿＿＿＿＿。
   해외여행이라면 스위스입니다.

2. 先生の＿＿＿＿＿＿＿＿＿＿＿＿＿＿＿＿＿＿＿。
   선생님의 휴대폰 번호라면 알고 있어요.

3. ＿＿＿＿＿＿＿＿＿＿＿＿＿＿＿＿＿＿＿＿＿＿。
   일본에서 선물을 산다면 일본인형이 좋아요.

4. ＿＿＿＿＿＿＿＿＿＿＿＿＿＿＿＿＿＿＿＿＿＿。
   전화를 한다면 점심식사 후가 좋아요.

5. ＿＿＿＿＿＿＿＿＿＿＿＿＿＿＿＿＿＿＿＿＿＿。
   그대가 스키동아리에 가입한다면 나도 가입합니다.

word

단어

해외여행 : 海外旅行(かいがいりょこう)	스위스 : スイス	휴대폰 : ケータイ、携帯電話(けいたいでんわ)
선물 : おみやげ	일본인형 : 日本人形(にほんにんぎょう)	점심식사 : 昼(ひる)ごはん
그대 : 君(きみ)	스키동아리 : スキークラブ	가입하다 : 加入(かにゅう)する、はいる

※

'시부야에 간다면 예쁜 신발을 살 거야'라는 문장은 「渋谷へ行くなら、きれいな靴を買おう」처럼 「なら」를 사용해도 됩니다만 시부야에 가서 거기서 신발을 사는 건지, 가기 전에 한국에서 사는 건지는 확실하게 정해져 있는 것은 아닙니다. 만약 「渋谷へ行ったら、きれいな靴を買おう」처럼 「たら」로 한다면 시부야에 가서 신발을 산다는 의미가 확실하게 나타납니다.

그리고 「渋谷へ行くなら」는 「渋谷へ行くのなら」처럼 「行く」와 「なら」 사이에 「の」를 넣어도 상관이 없습니다. 「なら」가 조건의 표현인 「と」, 「ば」, 「たら」 등과 색다른 면을 갖고 있는 말인데 그것은 이런 면에서도 관찰할 수 있습니다.

unit 45

~てみる, ~てしまう, ~ておく ~해 보다, ~해 버리다, ~해 두다

먼저 : まず　하다 : やる　따라 : 続いて、あとについて

まず私がやってみますから、続いてやってみてください。

먼저 제가 해 볼 테니까 따라해 보세요.

note

보조동사(補助動詞)라고 불리우는 동사들이 많은데 그 중에 대표적인 표현에 대해 공부합시다. '~해 보다', '~해 버리다', '~해 두다'라는 문형들은 각각 「~てみる」, 「~てしまう」, 「~ておく」에 해당됩니다.

◆ 「~てみる」 → '~해 보다'

어떤 시도를 하려고 할 때에 사용됩니다. 그리고 이 표현은 한국어가 일본어보다 많이 사용되는 경향이 있습니다. 예를 들어 '제주도에 가본 적이 있습니까?'라는 표현을 일본어로는 「チェジュドに行ったことがありますか」라고 하지 「行ってみたことがありますか」라는 표현은 일반적인 표현이 아니라는 것입니다.

어떤 행동을 취할 때 좀 모험적인 면이 있고 시도성이라고 할까, 과감성이라고 할까 그런 느낌들이 있어야 이 「~てみる」라는 표현이 어울린다는 것이지요.

일본어로 「~てみる」할 때는 「みる」를 한자 「見る」로 표기하는 것보다 히라가나로 그냥 「みる」로 표기하는 것이 좋습니다. 본동사가 아니며 실제로 '보는' 것이 아니기 때문이지요.

◆ 「~てしまう」 → '~해 버리다'

한국어와 일본어가 서로 거의 비슷한 수준으로 사용됩니다.

◆ 「~ておく」 → '~해 두다'

한국어와 일본어가 서로 거의 비슷한 수준으로 사용됩니다(타동사와 함께).

「~てしまう」는 완료(完了)의 어감과 후회하는 어감이 강하고, 「~ておく」는 어떤 상황에 대비하는 준비성이 있는 표현으로 미리 준비해 두는 의미를 갖습니다.

drill

◆ 연습문제

1. これで ______________________________。

이것으로 써 보세요.

2. ______________________________。

열을 재어 봅시다.

3. ______________________________。

그 사람은 가버렸어요.

4. ______________________________

______________________________。

콘서트에 가기 전에 티켓을 사 둡니다.

5. ______________________________

______________________________。

한번 해서 안 되면 다시 해 보면 됩니다.

word

◆ 단어

쓰다 : 書(か)く　　열 : 熱(ねつ)　　재어 보다 : 測(はか)ってみる　　콘서트 : コンサート

티켓 : 切符(きっぷ)、チケット　　한번 : 一度(いちど)　　다시 해 보다 : やり直(なお)す

※ 「ておく」, 「てある」에 관해서 설명합니다.

'이미 복사해 놓았습니다'의 경우 「もうコピーしておきました」, 「もうコピーしてあります」 양쪽 다 사용 가능합니다. 그런데 '티켓을 사 두겠습니다'와 같은 경우 「チケットを買っておきます」는 가능한데 「チケットを買ってあります」는 불가능합니다.

미래에 관한 동작은 「ておく」만 가능하며 「てある」는 불가능하다는 것입니다. 「てある」는 이미 전개된 어떤 상황, 상태를 묘사할 때에 사용하는 것입니다. 「窓があけてあります」, 「試験範囲の勉強はもうしてあります」.

위의 예문 '티켓을 사 두겠습니다'에서 만약 '티켓을 사 두었습니다'라고 하면 「チケットを買ってあります」가 되어 가능합니다.

~ていく, ~てくる ~해 가다, ~해 오다

앞으로도 : これからも　　계속하다 : 続(つづ)ける

これからも日本語の勉強を続けていきます。

앞으로도 일본어공부를 계속해 나가겠습니다.

note

◆ 「~ていく」 → ~해 나가다

앞으로도 어떤 상황을 계속해 나갈 때에 사용하는 문형
또는 기준 위치에서 멀어져 가는 상황

◆ 「~てくる」 → ~해 오다

지금까지 해 온 상황을 말할 때 사용하는 문형
또는 화자(話者)의 위치에 다가오는 상황

동사의 「て형」에 「いく」나 「くる」를 연결시키면 됩니다. 미래 지향은 「ていく」, 과거부터 지금까지는 「てくる」라고도 말할 수 있습니다.

그리고 「てくる」의 경우 실제로는 「6年間(ろくねんかん)、フルートを習(なら)ってきました」(6년 동안 플루트를 배워왔습니다)처럼 과거형으로 문장을 끝맺음할 때가 대부분입니다. 이것은 과거에서부터 지금까지의 상황을 말하는 것이기 때문에 당연히 그렇게 되는 거지요.

자, 연습을 할까요?

drill

◆ 연습문제

1. このまま＿＿＿＿＿＿＿＿＿＿＿＿＿＿＿＿。

이대로 걸어갑시다.

2. ＿＿＿＿＿＿＿＿＿＿＿＿＿＿＿＿。

이 프로젝트를 3년 동안 진행해 왔습니다.

3. ＿＿＿＿＿＿＿＿＿＿＿＿＿＿＿＿。

동쪽 하늘이 점점 밝아집니다.

4. ＿＿＿＿＿＿＿＿＿＿＿＿＿＿＿＿

＿＿＿＿＿＿＿＿＿＿＿＿＿＿＿＿。

대학을 졸업해도 일본문학을 연구해 나가고 싶습니다.

5. ＿＿＿＿＿＿＿＿＿＿＿＿＿＿＿＿

＿＿＿＿＿＿＿＿＿＿＿＿＿＿＿＿。

나이를 먹음에 따라 몸의 움직임이 점점 둔하게 되었습니다.

word

◆ 단어

프로젝트 : プロジェクト	진행하다 : 進(すす)める	동쪽 : 東(ひがし)のほう	하늘 : 空(そら)
점점 : だんだん	밝다 : 明(あか)るい	대학 : 大学(だいがく)	졸업 : 卒業(そつぎょう)
일본문학 : 日本文学(にほんぶんがく)	연구 : 研究(けんきゅう)	나이를 먹다 : 年(とし)をとる	몸의 움직임 : 体(からだ)の動(うご)き
둔하다 : 鈍(にぶ)い			

※ 「やってくる」, 「つれてくる」, 「つれていく」 등은 고정된 하나의 동사로 '온다', '데리고 온다', '데리고 간다'라는 뜻을 나타내는 말입니다. 그대로 외우는 것이 좋습니다.

~のに　~인데도

비 : 雨(あめ)　　나가다 : 出(で)る、出ていく

雨が降っているのに、彼は出ていきました。

비가 오고 있는데도 그는 나갔습니다.

note

문장을 연결할 때에 나타나는 접속조사 가운데 하나가 이 「のに」입니다. 조사 「のに」는 '역접의 조사'라고도 불려 전문(前文)과 후문(後文)의 관계에서 전문에서 말한 내용으로 판단할 때, 상식적인 판단과는 다를 때에 사용됩니다.

예를 들면 표제의 문장에서 전문은 「雨が降っている」, 즉 '비가 오고 있다'입니다. '비가 오고 있으면' 보통 상식적으로는 집 안에 있다든지 쉰다든지 할 텐데 그럼에도 불구하고 후문에서 말하고 있듯이 '밖에 나갔다'는 결과가 와 있기에 상식적인 판단과는 다른 결과가 와 있다는 것입니다. 이럴 때에 「のに」라는 조사를 사용하게 되는 것이지요. '상식적 판단과 다를 때'라는 부분이 아주 중요한 것입니다.

명사와 「ナ형용사」와 연결할 때에는 「な」가 들어갑니다. 「雨なのに、行った」, 「きれいなのに結婚していない」 등의 예문이 있습니다.

역접의 조사 「のに」와 「の」 + 「に」의 「のに」는 다릅니다.
「の」 + 「に」의 「のに」는 목적성을 나타냅니다. 이 점을 주의해야 합니다.

手紙を書いたのに、返事(へんじ)がありません。　편지를 썼는데 답장이 없습니다.

手紙を書くのに、紙(かみ)とボールペンがいります。편지를 쓰는데 종이와 볼펜이 필요합니다.

drill

◆ 연습문제

1. 台風＿＿＿＿＿＿＿＿＿＿＿＿＿＿＿＿＿＿＿＿。

태풍인데도 그들은 낚시하러 나갔다.

2. ＿＿＿＿＿＿＿＿＿＿＿＿＿＿＿＿＿＿＿＿＿＿

＿＿＿＿＿＿＿＿＿＿＿＿＿＿＿＿＿＿＿＿＿＿。

돈도 없는데 그렇게 큰 차를 사는 겁니까?

3. ＿＿＿＿＿＿＿＿＿＿＿＿＿＿＿＿＿＿＿＿＿＿

＿＿＿＿＿＿＿＿＿＿＿＿＿＿＿＿＿＿＿＿＿＿。

계산결과를 몇 번이나 확인했는데도 틀려 버렸다.

4. ＿＿＿＿＿＿＿＿＿＿＿＿＿＿＿＿＿＿＿＿＿＿

＿＿＿＿＿＿＿＿＿＿＿＿＿＿＿＿＿＿＿＿＿＿。

김씨는 학생인데도 놀고만 있습니다.

5. ＿＿＿＿＿＿＿＿＿＿＿＿＿＿＿＿＿＿＿＿＿＿

＿＿＿＿＿＿＿＿＿＿＿＿＿＿＿＿＿＿＿＿＿＿。

프로페셔널인데도 그렇게 쉬운 것도 모르는 겁니까?

word

◆ 단어

태풍 : 台風(たいふう)	낚시 : つり	나가다 : 出(で)かける	돈 : お金(かね)
차 : 車(くるま)	계산 : 計算(けいさん)	결과 : 結果(けっか)	확인하다 : 確認(かくにん)する
틀리다 : まちがう	놀다 : 遊(あそ)ぶ	프로페셔널 : プロフェッショナル	

※ 역접의 접속사「のに」에 이어지는 후문은 사실임을 알고 있는 내용이기에 다음과 같은 세 가지 경우는 안 옵니다.

① 명령 · 의지 등, ② 의문문, ③「だろう」,「かもしれない」등의 판단을 나타내는 문장

① *雨が降っているのに、家にいなさい。　　비가 오고 있는데, 집에 있어라.

*雨が降っているのに、家にいよう。　　비가 오고 있는데, 집에 있자.

② *雨が降っているのに、出かけますか。　　비가 오고 있는데, 나가요?

③ *雨が降っているのに、出かけよう。　　비가 오고 있는데, 나가자.

다만 ② 의문문의 경우「のだ」(unit 52)가 붙는 의문문은 가능하게 됩니다.

雨がふっているのに、出かけるんですか。　　비가 오고 있는데, 나가는 것입니까?

unit 48

～し ～하고, 해서

싸다 : 安(やす)い　맛있다 : おいしい　항상 : いつも　가게 : 店(みせ)

安いし、おいしいし、いつもあの店で食べています。

싸고 맛있으니 항상 저 가게에서 먹고 있습니다.

note

문장을 연결할 때 사용되는 「し」에 대해서 봅시다.

「し」 → 문장을 연결하고 이유를 나타냄

문장을 단순히 연결하고 순서를 나타낼 때는 이 「し」를 사용하면 안 됩니다. 이유 같은 부분이 있어야 됩니다. 위의 문장에서도 저 가게는 '싸고' 거기다가 '맛도 있다'. 그래서 항상 저 가게에서 먹게 된다는 의미를 나타내고 있는 셈이지요.

문장을 단순히 연결하고 순서를 나타내는, 예를 들어 '나는 아침에 일어나 세수를 하고 밥을 먹고 학교에 갑니다'라는 문장을 「し」를 사용해서 「* 私は、朝起きるし、顔(かお)を洗(あら)うし…」라고 하면 안 된다는 것입니다. 이럴 때에는 「私は朝起きて、顔を洗って、ごはんを食べて、学校へ行きます」처럼 「て형」으로 연결시켜 나가야 합니다. 무언가 이유 같은 것이 있을 때라든가 순서를 의미하지 않고 'A뿐만 아니라 B도'라는 뜻이 있을 때에는 「し」 사용이 가능하게 됩니다.

◆ 접속

· 명사　「学生だし」

· ナ형용사　「親切(しんせつ)だし」

이럴 때는 「だ」가 들어갑니다. 「イ형용사」, 「동사」 경우에는 그대로 연결시켜도 됩니다. 그리고 두 문장으로 나누어 먼저 「値段も安いし」, 즉 '가격도 싸고'라고 한 다음에 두 번째 문장에서 「それに品物も多いですから」, 즉 '게다가 물건도 많으니까요'처럼 '게다가'를 사용해서 이유를 분명히 하는 「から」로 끝맺음을 짓는 방법도 있습니다.

drill

◆ 연습문제

1. 学生＿＿＿＿＿＿＿＿＿＿＿＿＿＿＿。

학생이니 돈도 없는데, 라면으로 합시다.

2. ＿＿＿＿＿＿＿＿＿＿＿＿＿＿＿

＿＿＿＿＿＿＿＿＿＿＿＿＿＿＿。

춥고 피곤한데 오늘은 이 마을에서 머물자.

3. ＿＿＿＿＿＿＿＿＿＿＿＿＿＿＿

＿＿＿＿＿＿＿＿＿＿＿＿＿＿＿。

메뉴도 많고 게다가 맛도 있으니까요.

4. ＿＿＿＿＿＿＿＿＿＿＿＿＿＿＿。

이제 그만 돌아갈까, 해도 졌는데…. (독백)

5. ＿＿＿＿＿＿＿＿＿＿＿＿＿＿＿

＿＿＿＿＿＿＿＿＿＿＿＿＿＿＿。

교수진도 갖추어져 있고 설비도 좋기 때문에 이 학교로 정했습니다.

word

◆ 단어

라면 : ラーメン	춥다 : 寒(さむ)い	이 마을 : この町(まち)	머물다 : 泊(と)まる
메뉴 : メニュー	게다가 : それに	맛 : 味(あじ)	이제 : そろそろ
해가 지다 : 日(ひ)が暮(く)れる	교수진 : 教授陣(きょうじゅじん)	갖추어져 있다 : そろっている	
설비 : 設備(せつび)	정하다 : 決(き)める		

※ '짐도 많고 피곤하니, 어디선가 쉴까'라는 문장은 「荷物も多いし疲れたし、どこかで休もうか」처럼 하면 됩니다. 「荷物も多いし疲れたから」처럼 「から」를 사용해서 이유를 확실하게 나타내게 해도 문제가 없습니다. 「疲れたし」 부분을 「疲れて」처럼 후문 앞에서 「て형」으로 이어지게 하면 비문법적인 문장이 되어 안 됩니다.

~によると ~だそうです　~에 의하면 ~라고 합니다

뉴스 : ニュース　　의하면 : ~によると　　대설 : 大雪(おおゆき)

ニュースによると、明日(あした)は大雪だそうです。

뉴스에 의하면 내일은 대설이라고 합니다.

note

어떤 정보를 듣고 그 내용을 전달할 때에 사용하는 문형입니다. 전문(伝聞)의 「そうだ」라고 하고 「耳(みみ)のそうだ」라고도 합니다.

~에 의하면　→ ~によると
~라고 합니다　→ ~だそうです

명사와 「ナ형용사」 경우에는 「そうです」 앞에 「だ」가 들어가지만 그 외에는 「だ」가 안 들어가고 바로 「そうで」로 연결한다는 것이 중요합니다.

예를 들어 '눈이 많이 온다고 합니다'는 「雪がたくさん降(ふ)るそうです」, '충청도는 어제 추웠다고 합니다'는 「チュンチョンドはきのう寒かったそうです」로 표현하는 것입니다. 동사와 「イ형용사」 경우에는 위에서 설명했듯이 바로 「そうです」로 연결시킬 수 있기 때문에 「降るそうです」, 「寒かったそうです」처럼 되는 것이지요.

자, 연습을 할까요!

drill

연습문제

1. 新聞＿＿。

   신문에 의하면 일본에서 큰 지진이 있었다고 합니다.

2. ＿＿。

   김씨에 의하면 올해는 그린이 유행한다고 합니다.

3. ＿＿。

   정보에 의하면 컴퓨터바이러스가 맹위를 떨치고 있다고 합니다.

4. ＿＿。

   뉴스에 의하면 테러 대책을 위해 정부는 많은 예산을 충당한다고 합니다.

5. ＿＿。

   일본인 친구에 의하면 최근 일본에서는 실버밴드가 큰 인기를 얻고 있다고 합니다.

word

단어

신문 : 新聞(しんぶん)　지진 : 地震(じしん)　올해 : 今年(ことし)　그린 : グリーン

유행 : 流行(りゅうこう)　정보 : 情報(じょうほう)　컴퓨터바이러스 : コンピュータウィルス

맹위 : 猛威(もうい)　테러 : テロ　대책 : 対策(たいさく)　정부 : 政府(せいふ)

예산 : 予算(よさん)　충당하다 : 当(あ)てる　일본인 친구 : 日本人の友(とも)だち

최근 : 最近(さいきん)　실버밴드 : シルバーバンド

※ '~에 의하면' 대신에 '그의 이야기로는'과 같은 용법도 있습니다. 「彼の話では」처럼 「~の話では」로 하면 됩니다. 「そうだ」 대신에 문장적인 「という」나 회화적인 「って」라는 표현도 있습니다.

津波で5万人以上の死者が出たという。 쓰나미로 인해 5만 명 이상의 사망자가 생겼다고 한다.

今夜のおかずはトンカツだって。 오늘밤의 반찬은 돈가스래.

~そうだ ~인 것 같다

맛있다 : おいしい　　케이크 : ケーキ

うわー、おいしそうなケーキですね。

와, 맛있어 보이는 케이크네요.

note

이른바 양태(様態)의 「そうだ」로 불리우는 표현입니다. 이것은 눈으로 보고 말하는 경우에 많이 사용되기 때문에 「目のそうだ」라고도 합니다.

おいしそうだ	→	目のそうだ	[unit 50]
おいしいそうだ	→	耳のそうだ	[unit 49]

눈으로 직접 보고 그 느낌을 표현하는 것이 기본적인 쓰임새라는 것이지요. 물론 눈으로 직접 보지 않고 말할 때도 있습니다. 예를 들어 '경기가 점점 좋아질 것 같네요'라는 말은 「景気(けいき)がだんだんよくなりそうですね」. direct(다이렉트)하게 마음속의 느낌을 말로 표현할 때에 가장 어울리는 표현이라고 할 수 있습니다.

떨어질 것 같은 물건을 보고, '가방이 떨어질 것 같아요.'

→ かばんが落(お)ちそうです。

주의할 점은 「きれいだ」와 「美(うつ)しい」의 두 가지 단어는 「そうだ」와 연결하기가 어렵다는 것입니다. 왜냐하면 「きれいだ」와 「美しい」는 「おいしい」 등과 달리 보기만 해도 바로 아는 느낌입니다.

「おいしい」는 눈으로 보고서는 아직 그것이 정말 '맛'있는지 모릅니다. 이럴 때에 사용하는 것이 이 「そうだ」가 됩니다. 보기만 해도 바로 아는 내용에는 이 「そうだ」를 사용할 수 없다는 것이지요.

◆ 접속

· 명사　　　연결 없음

· 명사의 부정형　「彼は学生ではなさそうですね」처럼, 「ない」부분을 「なさそうです」로 해서 연결.

· ナ형용사　「元気そうです」처럼 어간에다가 「そうだ」를 연결.

· イ형용사　「おいしそうです」처럼 「おいしい」의 어미 「い」를 빼고 「そうだ」를 붙임.

· 동사　「ます형」 플러스 「そうだ」
「落ちる」의 「ます형」인 「落ちます」의 앞부분 「落ち」에다가 「そうだ」를 붙여서 「落ちそうです」로 함.
「倒(たお)れる」 → 「倒れそうです」

drill

◆ 연습문제

1. 雨が＿＿＿＿＿＿＿＿＿＿＿＿＿＿＿＿＿＿＿＿。
비가 올 것 같네요.

2. ＿＿＿＿＿＿＿＿＿＿＿＿＿＿＿＿＿＿＿＿＿＿。
학생들이 재미있게 말하고 있습니다.

3. ＿＿＿＿＿＿＿＿＿＿＿＿＿＿＿＿＿＿＿＿＿＿。
건강해 보여 무엇보다 좋겠습니다.

4. ＿＿＿＿＿＿＿＿＿＿＿＿＿＿＿＿＿＿＿＿＿＿。
쇼핑백이 찢어질 것 같네요.

5. ＿＿＿＿＿＿＿＿＿＿＿＿＿＿＿＿＿＿＿＿＿＿。
그물 선반에 있는 가방이 떨어질 것 같네요.

word

◆ 단어

비 : 雨(あめ)　학생들 : 学生(がくせい)たち　재미있다 : 楽(たの)しい　건강하다 : 元気(げんき)だ、健康(けんこう)だ
쇼핑백 : ショッピングバッグ　찢어지다 : 破(やぶ)れる　그물 선반 : 網棚(あみだな)
떨어지다 : 落(お)ちる

unit 51

~ようだ　~인 것 같다

밤 : 夜(よる)　　비 : 雨(あめ)　　오다 : 降(ふ)る

きのうの夜、雨が降ったようですね。

어젯밤에 비가 온 것 같네요.

note

앞의 과에서 언급한 「そうだ」와 비슷한 내용을 표현하는 말로 「ようだ」가 있습니다. 그 구분이 한국학생들에게는 좀 어려운 것 같습니다.

「そうだ」 → 직접적인 느낌을 바탕으로 함
「ようだ」 → 판단을 바탕으로 함

「そうだ」는 눈으로 보고 바로 그 느낌을 표현하는 데에 사용상의 중심 포인트가 있고, 「ようだ」는 눈으로 보고 일단 머릿속에서 생각하고 판단한 다음에 말로 표현하게 될 때에 사용하는 것입니다.

맛있어 보이는 케이크를 보고 「*おいしいようだ」라고 말하는 사람은 없습니다. 이럴 때에는 반드시 「おいしそうだ」라고 할 것입니다. 「ようだ」는 땅이 젖어 있는 상황을 보고 생각한 다음에 「夕べ、雨が降ったようだ」라고 말하는 것입니다.

◆ 접속

· 명사　　「の」를 붙여서 「学生のようだ」
· ナ형용사　　「な」를 두고 「静かなようだ」
· イ형용사, 동사　바로 「高いようだ」, 「いるようだ」

라고 표현하면 됩니다. 자, 연습으로 들어갑시다!

※ 「みたいだ」는 「ようだ」와 같은 의미이지만 「ようだ」보다 더 회화체입니다. 「ようだ」, 「みたいだ」 양쪽 다 '그 상황에서의 판단'을 나타내는 말이며 양태(様態)라고도 합니다만 그 중에서 「ようだ」는 문어적인 데 비해 「みたいだ」는 회화체로서 부드러운 말이라 할 수 있습니다.

drill

◆ 연습문제

1. 廊下＿＿＿＿＿＿＿＿＿＿＿＿＿＿＿＿＿＿＿＿＿＿＿。

복도에 누군가가 있는 것 같네요.

2. ＿＿＿＿＿＿＿＿＿＿＿＿＿＿＿＿＿＿＿＿＿＿＿＿＿。

스즈끼 씨의 부인은 미인인 것 같군요.

3. ＿＿＿＿＿＿＿＿＿＿＿＿＿＿＿＿＿＿＿＿＿＿＿＿＿。

저 병원은 암 치료로 유명한 것 같아요.

4. ＿＿＿＿＿＿＿＿＿＿＿＿＿＿＿＿＿＿＿＿＿＿＿＿＿。

이 약이, 매우 효과 있는 것 같구나.

5. ＿＿＿＿＿＿＿＿＿＿＿＿＿＿＿＿＿＿＿＿＿＿＿＿＿

＿＿＿＿＿＿＿＿＿＿＿＿＿＿＿＿＿＿＿＿＿＿＿＿＿。

이 교과서로 공부를 시작하고 나니까 점점 실력이 좋아진 것 같습니다.

word

◆ 단어

복도 : 廊下(ろうか)	미인 : 美人(びじん)	병원 : 病院(びょういん)	암 : ガン
치료 : 治療(ちりょう)	유명하다 : 有名(ゆうめい)だ	약 : 薬(くすり)	효과 있다 : 効(き)く、効いている
교과서 : 教科書(きょうかしょ)	시작하다 : はじめる	실력이 좋아지다 : 実力(じつりょく)がつく	

※

「ようだ」에 대해서 한 가지 주의 점을 설명합니다.

'저 사람은 인도인인 것 같네요'라는 표현은 「あの人はインド人のようです」라는 의미이며 '비유'의 뜻일 수도 있습니다.

양태와 비유를 구분하기 위해서는 부사 「どうも」, 「まるで」를 사용해서,

あの人は、どうもインド人のようです。 [양태] 저 사람은 아무래도 인도인인 것 같네요.

あの人は、まるでインド人のようです。 [비유] 저 사람은 마치 인도인인 것 같네요.

처럼 표현하면 구분이 잘 됩니다.

~んです ~거든요

버스 : バス　늦다 : 遅(おく)れる

バスが遅れたんです。

버스가 늦었거든요.

note

「のだ」에 대한 unit입니다. 일본어에서 많이 사용하는 이 문말표현(文末表現)은 이해하기 어려운 부분에 속합니다. 포인트를 정리한다면,

① バスが遅れました　→ 단순히 '버스가 늦었다'는 사실
② バスが遅れたんです → 단순히 버스가 늦었다는 사실만이 아니라 그것 때문에 '제가 지각했습니다'라는 변명의 어감과 미안한 어감 등을 나타내고 있는 것입니다.

「んです」는 전제(前提)가 되는 문장이 있은 다음에야 사용되기 때문에 「関連づけ(관련짓기)」의 「ん」이라고도 합니다(여기서는 화자가 지각했다든지, 안 왔다든지 해서 그 사실을 파악한 다음에).

「ん」 → 원래 「の」. 회화적으로 「ん」로 바뀐 것입니다.

다시 말해서 이런 「ん」을 사용한 문장은 맨 처음부터 나타나지 않는다는 것입니다. 예를 들어서 자기소개를 할 때에 맨 처음부터 「＊私はキムと言うんです」라는 문장은 있을 수 없다는 것이지요.

그리고 문말(文末)이 아니라 문장을 연결할 때 사용할 수 있습니다. 예를 들면 「電話したんですけど、いらっしゃいませんでしたね」(전화를 했는데 안 계셨네요)처럼 「したんです」에서 「ん」이 있습니다. 이것에 「けど」, 「が」, 「けれども」 등을 붙여서 뒤로 문장을 이어가는 용법입니다.

「んですが」, 「んですけど」, 「んですけれども」처럼 하나의 세트표현처럼 외워 나가는 것이 좋습니다. 의미는 '~했는데 ~'라는 것이지요. 연결 부분에 사용하는 「ん」은 제한들이 거의 없으니 마음껏 사용해도 됩니다.

drill

연습문제

1. 赤い＿＿＿＿＿＿＿＿＿＿＿＿＿＿＿＿＿＿＿＿＿＿。
   얼굴이 붉어졌네요.

   ええ、＿＿＿＿＿＿＿＿＿＿＿＿＿＿＿＿＿＿＿＿＿＿。
   네, 열이 있거든요.

2. ＿＿＿＿＿＿＿＿＿＿＿＿＿＿＿＿＿＿＿＿＿＿＿＿。
   어제 왜 쉬었어?

   ＿＿＿＿＿＿＿＿＿＿＿＿＿＿＿＿＿＿＿＿＿＿＿＿。
   집을 나갈 때, 갑자기 배가 아팠거든요.

3. ＿＿＿＿＿＿＿＿＿＿＿＿＿＿＿＿＿＿＿＿＿＿＿＿。
   나 내일 안 오겠어, 약속이 있거든.

4. ＿＿＿＿＿＿＿＿＿＿＿＿＿＿＿＿＿＿＿＿＿＿＿＿。
   아, 그래! 이 스위치를 누르면 되는구나!

5. ＿＿＿＿＿＿＿＿＿＿＿＿＿＿＿＿＿＿＿＿＿＿＿＿。
   제가 만들었는데, 좀 드셔 볼래요?

word

단어

붉다 : 赤(あか)い	열 : 熱(ねつ)	어제 : きのう	갑자기 : とつぜん
배 : お腹(なか)	아프다 : 痛(いた)い	내일 : あした	약속 : 約束(やくそく)
스위치 : スイッチ	누르다 : 押(お)す	만들다 : 作(つく)る	드셔 볼래요 : どうぞ

※ '얼굴이 붉어졌네요'는 일본어로 「赤い顔をしていますね」, 즉 '붉은 얼굴을 하고 있네요'처럼 하려고 합니다. 「顔が赤いですね」라고도 물론 하지만 이런 경우 「赤い顔をしていますね」가 더 어울리지 않을까 싶습니다.

~てあげる ~해 주다

같이 : いっしょに　　가다 : 行く

いっしょに行ってあげましょうか。

같이 가줄까요?

note

여기서는 '~해 주다'에 해당되는 「～てあげる」에 대해 공부합시다.

그냥 물건을 상대방에게 줄 때는 「あげる」를 사용하면 되지요. '친구에게 선물을 주었다'는 「友だちにおみやげをあげた」가 됩니다. 이것은 물건을 줄 때이며, 물건이 아니라 동사가 붙는 '써 주다', '가 주다'는 각각 「書いてあげる」, 「行ってあげる」가 됩니다. 말하는 사람이 상대방에게 무언가를 해 줄 때에 사용되는 표현이 되겠지요.

그런데 「～てあげる」를 사용하는 데 가장 주의해야 할 점은 상대방에게 이 표현을 직접 사용할 때에 실례가 될 때가 있다는 것입니다. 예를 들어서 인천공항에 거래처 사람을 마중하러 가서 그 사람과 만나 짐을 들어주려고 할 때, 이런 경우에 직접

* 佐藤さん、その荷物、もってあげましょうか。

라고 하면 실례가 된다는 것을 명심해야 합니다. 이럴 때에는

佐藤さん、その荷物、お持ちしましょうか。

라고 해야 맞는 표현입니다. 「あげる」를 사용하지 않는다는 것입니다. 이유는 「あげる」를 사용하면 상대방에게 은혜를 일부러 베푸는 것 같은 느낌이 들어서 적당하지 못하다는 것입니다. 그래서 이 표현은 일반적으로 직접 상대방에게 말하는 것보다는 누군가에게 무언가를 해준 것을 나중에 다른 사람에게 설명할 때에 많이 사용됩니다.

그러나 어떤 할머니가 터미널 앞에서 너무 무거운 짐을 가지고 있을 때에는 위에서 말한 원칙은 해제됩니다. 즉,

おばあさん、その荷物、もってあげましょうか。

라고 말해도 된다는 것입니다. 상대방이 약하거나 확실히 우리의 도움을 필요로 하고 있

다면 그 때는 「~てあげる」의 사용이 가능하게 됩니다. 이 점은 좀 어려우니 상황을 보고 익혀 나가야 합니다.

그리고 한 가지 주의해야 할 점은 상대방에 붙는 조사는 항상 「に」가 되는 것입니다. 회화적인 상황에서는 상대방을 가리키는 말이 생략될 때도 많지만요.

drill

연습문제

1. 佐藤さん________________________________。
   사토 씨에게 생일선물을 주었습니다.

2. ________________________________。
   어제, 역에서 할머니 짐을 들어 드렸습니다.

3. ________________________________。
   내가 대신 가줄까?

4. ________________________________
   ________________________________。
   지난주 수업 때 김씨에게 사전을 빌려 주었습니다.

5. ________________________________
   ________________________________。
   미아를 발견해서 어머니께 데려다 주었습니다.

word

단어

생일 : 誕生日(たんじょうび)　선물 : プレゼント　역 : 駅(えき)　대신 : 代(か)わりに
지난주 : 先週(せんしゅう)　수업 : 授業(じゅぎょう)　사전 : 辞書(じしょ)　빌려 주다 : 貸(か)す
미아 : 迷子(まいご)　발견 : 発見(はっけん)

※ 「花に水をあげる」 같은 표현은 옛날에는 적절하지 않다고 했습니다. 즉, '꽃'은 사람이 아니니 「あげる」가 아니라 「やる」를 써야 한다는 것이었습니다. 요즘은 일본에서 실제로 「水をあげる」처럼 말하는 사람이 많으므로 괜찮은 표현이라 할 수 있습니다. 사람들이 실제로 쓰는 표현이 가장 중요한 것이지요.

unit 54

~てくれる ~해 주다

노트북컴퓨터 : ノートパソコン　　사다 : 買(か)う

父がノートパソコンを買ってくれました。

아버지가 노트북컴퓨터를 사 주셨습니다.

note

여기서의 포인트는 한국어로는 '~해 주다'에 해당하지만 일본어로는 「~てくれる」가 되는 문형입니다. 앞의 unit 53에서는 「てあげる」에 대해 공부했는데 그때도 '~해 주다'라는 한국어 표현이었는데 이번에도 '~해 주다'가 된다니 곤란하지요?

내가 주어	→ ~てあげる	私がソウルを案内してあげました 내가 서울을 안내해 드렸습니다.
상대방이 주어	→ ~てくれる	友だちが東京を案内してくれました 친구가 동경을 안내해 주었습니다.

입장에 따라서 「あげる」와 「くれる」를 잘 가리면서 사용해야 한다는 것입니다. 이렇게 「あげる」와 「くれる」를 구분해서 사용하는 언어는 그렇게 많지 않다는 것입니다.

잘 아시다시피 영어도 give와 take처럼 주는 것은 누가 주어도 give이며 받는 것은 take가 되지요. 이런 면에서 일본어는 좀 특이한 쓰임새라고 말할 수 있습니다.

손윗사람에게는 「くださる」를 사용합니다. 그리고 상대방에 붙게 되는 조사가 항상 「が」임을 잘 기억하세요.

drill

연습문제

1. 母が＿＿＿＿＿＿＿＿＿＿＿＿＿＿＿＿＿＿＿＿＿。

   어머니께서 핸드백을 사 주셨습니다.

2. ＿＿＿＿＿＿＿＿＿＿＿＿＿＿＿＿＿＿＿＿＿＿＿。

   형이 독일어 사전을 빌려 주었습니다.

3. ＿＿＿＿＿＿＿＿＿＿＿＿＿＿＿＿＿＿＿＿＿＿＿。

   옆에 있던 사람이 나의 짐을 들어 주었습니다.

4. ＿＿＿＿＿＿＿＿＿＿＿＿＿＿＿＿＿＿＿＿＿＿＿

   ＿＿＿＿＿＿＿＿＿＿＿＿＿＿＿＿＿＿＿＿＿＿＿。

   일본인 친구가 부동산에 같이 가 주었습니다.

5. ＿＿＿＿＿＿＿＿＿＿＿＿＿＿＿＿＿＿＿＿＿＿＿

   ＿＿＿＿＿＿＿＿＿＿＿＿＿＿＿＿＿＿＿＿＿＿＿。

   다나카 교수님이 논문에 관한 자료를 빠른우편으로 보내 주셨습니다.

word

단어

핸드백 : ハンドバッグ	형 : 兄(あに)	독일어 : ドイツ語(ご)	일본인 친구 : 日本人(にほんじん)の友(とも)だち
부동산 : 不動産屋(ふどうさんや)さん	논문 : 論文(ろんぶん)	자료 : 資料(しりょう)	빠른우편 : 速達(そくたつ)

※ '어머니께서 핸드백을 사 주셨습니다'의 경우 일본어로 「母が私にハンドバッグを買ってくれました」가 올바른 표현이지만 얼핏 보면 「母が私にハンドバッグを買いました」도 가능한 것처럼 보입니다. 그러나 그렇지 않습니다. 「買ってくれました」로 함으로써 방향성(方向性)을 확실히 나타내기 때문입니다. 즉, '어머니'로부터 '나'에게라는 방향이지요.

일본어는 이와 같이 방향성을 나타내는 것에 관심이 많은 언어라고 할 수 있습니다. 이런 부분은 일본어와 한국어 · 영어 등과의 차이점이기도 합니다.

unit 55

~てもらう ~받다

친구 : 友だち　선물 : プレゼント　받다 : もらう

友だちにプレゼントをもらいました。

친구한테서 선물을 받았습니다.

note

물건을 받을 때는 문제없이 「もらう」를 사용하면 되는데 물건이 아니라 동사 표현일 경우는 한국어로 직접 번역할 수 없는 것입니다.

キムさんに行ってもらいました。→ 김씨가 나를 위해 가 주었습니다.

라는 의미인데 한국어로 직접 번역할 수 없으니 이제 일본어로 직접 생각해야 한다는 것입니다. 이것은 뒤에서 공부하는 「受け身」(수동) 표현에서도 마찬가지지만 일본어로 직접 사고(思考)하는 습관이 중요하다는 것을 의미합니다.

주의해야 할 점은 먼저 주어인 '나'가 생략될 때가 많다는 것, 그래서 보통 '나는 김씨에게서 선물을 받았다' 하는 문장도 일본어로는 보통 「私はキムさんにプレゼントをもらった」보다는 「私は」를 생략해서 그냥 「キムさんにプレゼントをもらった」라고 말하는 것이 일반적입니다. 그리고 상대방에 붙는 조사는 「に」가 됩니다.

① キムさんに教えてもらいました。
② キムさんが教えてくれました。

이 두 문장은 의미는 같지만 어감이 약간 다르다고 볼 수 있습니다. 결론적으로 말한다면 ①은 김씨에 대한 감사의 마음이 담겨져 있으며 일본인들은 이쪽 표현을 많이 사용한다는 것, ②는 사실을 그대로 말하는 스타일이며 상대방인 김씨에 대한 감사의 느낌은 포함되지 않다고(전혀라고 볼 수도 없지만) 볼 수 있습니다.

여기서 조사에 주의해야 합니다. ①에서는 「に」가 붙고, ②에서는 「が」가 붙어 있습니다. 이 조사들이 아주 중요한 것입니다.

drill

◆ 연습문제

1. 留学＿＿＿＿＿＿＿＿＿＿＿＿＿＿＿＿＿＿＿＿＿＿＿＿＿＿＿＿＿＿＿＿＿＿

＿＿＿＿＿＿＿＿＿＿＿＿＿＿＿＿＿＿＿＿＿＿＿＿＿＿＿＿＿＿＿＿＿＿＿＿。

유학할 때(시절)의 친구한테서 엽서를 받았습니다.

2. ＿＿＿＿＿＿＿＿＿＿＿＿＿＿＿＿＿＿＿＿＿＿＿＿＿＿＿＿＿＿＿＿＿＿＿＿

＿＿＿＿＿＿＿＿＿＿＿＿＿＿＿＿＿＿＿＿＿＿＿＿＿＿＿＿＿＿＿＿＿＿＿＿。

혼자 가지 못하기 때문에 노무라 씨가 같이 가 주었습니다.
⇒ '노무라 씨に'로 해서 문장을 만듦

3. ＿＿＿＿＿＿＿＿＿＿＿＿＿＿＿＿＿＿＿＿＿＿＿＿＿＿＿＿＿＿＿＿＿＿＿＿

＿＿＿＿＿＿＿＿＿＿＿＿＿＿＿＿＿＿＿＿＿＿＿＿＿＿＿＿＿＿＿＿＿＿＿＿。

어깨가 뻐근해서 친구한테 마사지를 받았습니다. ⇒ 「もらいました」를 사용

4. ＿＿＿＿＿＿＿＿＿＿＿＿＿＿＿＿＿＿＿＿＿＿＿＿＿＿＿＿＿＿＿＿＿＿＿＿

＿＿＿＿＿＿＿＿＿＿＿＿＿＿＿＿＿＿＿＿＿＿＿＿＿＿＿＿＿＿＿＿＿＿＿＿。

아르바이트 하는 곳에서 선배한테서 여러 가지 일하는 방법에 대해서 가르침을 받았습니다.

5. ＿＿＿＿＿＿＿＿＿＿＿＿＿＿＿＿＿＿＿＿＿＿＿＿＿＿＿＿＿＿＿＿＿＿＿＿

＿＿＿＿＿＿＿＿＿＿＿＿＿＿＿＿＿＿＿＿＿＿＿＿＿＿＿＿＿＿＿＿＿＿＿＿。

일본어로 편지를 썼는데, 틀리지 않았는지 선생님께 여쭈어 봤습니다.
⇒ 「見てもらいました」를 사용

word

◆ 단어

유학 : 留学(りゅうがく)　　친구 : 友(とも)だち　　엽서 : ハガキ　　혼자서 : 一人(ひとり)で

노무라 씨 : 野村(のむら)さん　　어깨 : 肩(かた)　　뻐근하다 : こる　　선배 : 先輩(せんぱい)

마사지하다 : もむ、マッサージをする　　아르바이트 : アルバイト、バイト

편지 : 手紙(てがみ)　　틀리다 : まちがう

※ 「故郷の母 に/から りんごを送ってもらいました」, 「故郷からりんごを送ってもらいまいした」처럼 장소를 나타내는 명사(故郷)의 경우에는 「から」가 자연스럽습니다.
「故郷の母」의 경우 「に」나 「から」 다 됩니다.

unit 56

~たべられる(受け身) ~먹히다

개구리 : かえる　　뱀 : 蛇　　먹히다 : 食べられる

かえるが蛇に食べられた。

개구리가 뱀에게 먹혔습니다.

note

표제의 문장은 '뱀이 개구리를 먹다'가 기본문장입니다. 이것을 개구리를 주어로 삼고 '개구리가 뱀에게 먹히다'로 바꾸는 것이 수동(受け身, 피동)이며 이것이 수동의 기본입니다. 이 부분은 한국어와 똑같습니다.

이 외에 한국어로는 별로 안 쓰는데도 일본어로는 많이 쓰이는 「受け身」가 있습니다. 3가지로 나누어 본다면 자동사의 「受け身」, 소유물에 관한 「受け身」, 타동사의 「受け身」입니다(이 중 소유물의 「受け身」는 한국어에서도 많이 사용함).

◆ 자동사의 受け身

赤ちゃんに泣かれてゆうべ眠れませんでした。　아기가 울어서 간밤에 잠을 못 잤습니다.

雨に降られて、服が濡れました。　비가 와서 옷이 다 젖었습니다.

友だちに来られて、勉強できませんでした。　친구가 와서 공부 못했습니다.

◆ 소유물에 관한 受け身

どろぼうに財布を取られました。　도둑에게 나의 지갑을 빼앗겼습니다.

電車の中で足を踏まれました。　전철 안에서 발이 밟혔습니다.

風で帽子が飛ばされました。　바람 때문에 모자가 날려갔습니다.

소유물이나 몸에 착용하고 있는 물건에 대한 「受け身」가 됩니다.

◆ 타동사의 受け身

(私は)母に日記を読まれました。→ 어머니가 나의 일기를 읽었다(그래서 나는 분했다).

이것은 기본적으로 두 문장의 내용을 한 문장으로 합친 것이라고 말할 수 있습니다.

주어인 「私は」는 생략될 때가 많습니다.

또 '형이 피자를 다 먹었습니다. 그래서 나는 분했습니다'라는 문장을 한 문장으로 「兄にピザを全部食べられました」라고 표현하는 것입니다. 한국어로 직접 번역하기가 어려운 문장이지요. 여기서 주의해야 할 부분은 먼저 「兄に」처럼 조사 「に」를 사용한다는 것이며, 그 다음에 동사의 「受け身형」을 만드는 일이지요.

5단동사는 어미가 '_areru'로 바뀌어서 「読む」 → 「読まれる」, 1단동사는 「食べる」 → 「食べられる」, 예외동사 「する」, 「来る」 → 「される」, 「来られる」가 됩니다.

마지막으로 피해의식(당한 느낌)과 상관이 없는 사실을 그대로 말하는 「受け身」가 있습니다. 예를 들어 '이 건물은 언제 만들어졌습니까?'는 「この建物はいつ作られましたか」이며 이것은 한국어와 일본어가 같습니다.

drill

◆ 연습문제

1. この本＿＿＿＿＿＿＿＿＿＿。
   이 책은 2010년에 출판되었습니다.

2. ＿＿＿＿＿＿＿＿＿＿。
   이 기와는 어디서 발견된 것입니까?

3. ＿＿＿＿＿＿＿＿＿＿。
   이 다리는 언제 만들어진 것입니까?

4. ＿＿＿＿＿＿＿＿＿＿
   ＿＿＿＿＿＿＿＿＿＿。
   옆 사람이 집을 지었기 때문에, 햇빛이 안 들어오게 되었습니다.
   ⇒ 「家を建てられて」를 사용

5. ＿＿＿＿＿＿＿＿＿＿
   ＿＿＿＿＿＿＿＿＿＿。
   아버지가 돌아가셔서 어머니가 대단히 고생하셨습니다. ⇒ 「死なれて」를 사용

word

◆ 단어

출판되다 : 出版される	기와 : 瓦	발견 : 発見	다리 : 橋
언제 : いつ	만들어지다 : 作られる	옆 사람 : となりの人	집을 지다 : 家を建てる
아버지 : 父	고생하다 : 苦労する		

~習わせる(使役) ~배우게 하다

딸아이 : 娘(むすめ)　　피아노 : ピアノ　　배우다 : 習(なら)う

娘にピアノを習わせています。

딸아이에게 피아노를 배우게 하고 있습니다.

note

이 unit에서 다루는 내용은 이른바 사역(使役)에 관한 공부입니다. 한국어로서는 일반적으로 '~하게 하다'의 표현입니다.

① 김씨는 쇼핑하러 갔다.

② 선배는 김씨를 시켜서 쇼핑하러 가게 했다.

①, ②의 공통점은 동작주(動作主)가 김씨라는 점이고, ①, ②가 다른 점은 동작을 하는 사람과 동작을 하게 하는 사람이 다르다는 점에 있습니다. 일본어로는 다음처럼 번역됩니다.

③ キムさんは、買い物(かいもの)に行った。

④ 先輩(せんぱい)がキムさんを買い物に行かせた。

그리고 여기서 중요한 것은 동작을 하는 사람에게 붙이는 조사입니다. 타동사일 경우 항상 「に」가 됩니다. 예를 들어 「読む」라는 타동사일 경우,

⑤ 선생님은 학생에게 책을 읽게 했다.

⑥ 先生は学生[に] 本を読ませた。

이렇게 「学生」에 붙는 조사는 「に」가 되는 것입니다. 그리고 '비의지적 자동사(非意志的自動詞)'에는 항상 「を」가 붙습니다. 예를 들어 「笑う」라는 비의지적 자동사 경우에,

⑦ 김씨는 아이를 웃게 했다.

⑧ キムさんは子ども[を] 笑わせた。

이처럼 상대방인 「子ども」에 붙는 조사는 「を」입니다. 또 마지막으로 '의지적 자동사(意志的自動詞)'에는 두 가지가 있고 「を」와 「に」가 그것입니다.

⑨ キムさんは、子ども[を] 買い物に行かせた。

⑩ キムさんは、子ども[に] 買い物に行かせた。

이렇게 두 가지가 있는데 ⑨는 「を」를 사용하면서 약한 강제적인 어감을 나타내고 있고, ⑩은 「に」를 사용해서 강제성이 없고 '허가(許可)', '방임(放任)' 등의 어감을 나타내는 경향이 있습니다. 한국어 해석은 둘 다 '김씨는 아이를 시켜 쇼핑하러 가게 했다'가 되겠습니

다. 「を」와 「に」에 관한 이 부분은 너무 신경 쓸 필요는 없습니다.

◆ 교육시키다

주의해야 할 점은 '교육시키다'라는 표현입니다.

⑪ 이번 학생들은 내가 교육을 시켰다.

⑫ 今回の学生は、私が教育した。

교육을 시켰다라고 해도 「教育させた」가 아니라 「教育した」로 합니다.

사역형을 만드는 것은 5단동사일 경우에는 어미를 '_aseru'로 변화시켜 「飲(の)む」 → 「飲ませる」로, 1단동사는 어미 「る」를 「させる」로 변화시키면 됩니다. 즉, 「食べる」는 「食べさせる」가 되는 거지요. 예외동사 「する」, 「くる」 → 「させる」, 「こさせる」로 합니다.

drill

◆ 연습문제

1. 子ども________________________________。
   아이에게 약을 먹였습니다.

2. ____________________________________。
   선생님은 학생들에게 리포트를 제출시켰습니다.

3. ____________________________________。
   이씨는 주변사람들을 웃겼습니다.

4. ____________________________________。
   여러분! 부모님을 슬프게 해드리지 맙시다.

5. ____________________________________。
   친구를 울려서는 안 됩니다.

word

◆ 단어

아이 : 子(こ)ども　약 : 薬(くすり)　먹이다 : 飲(の)ませる　리포트 : レポート

제출하다 : 提出(ていしゅつ)する、出(だ)す　주변사람들 : 回(まわ)りの人たち　웃기다 : 笑(わら)わせる

부모님 : 親(おや)　슬프다 : 悲(かな)しい　울리다 : 泣(な)かせる

※ 「笑う」, 「泣く」 등은 의지적으로 이루어지는 동사가 아니라 무심코 성립되는 동사이기에 비의지적 자동사라고 합니다. 「行く」는 의지적 자동사입니다.

洗濯させられました(使役受け身) ~사역피동

선배 : 先輩(せんぱい)　　유니폼 : ユニフォーム　　빨래질 : 洗濯(せんたく)

先輩にユニフォームを洗濯させられました。

선배가 나를 시켜서 유니폼을 빨래질하게 했습니다.

note

「使役受け身(사역피동)형」이라 하는 문형이며 한국어로는 직접 번역할 수 없는 표현입니다. 의미적으로 해석해야 하는 부분입니다.

자기가 적극적으로 하고 싶지 않은 것을 무리하게 하도록 명령이나 시킴을 당해서 행동하게 될 때에 사용되는 표현이므로 「させる」 + 「られる」가 합쳐서 「させられる」 형식이 되어 항상 마이너스 어감을 나타내는 문장입니다.

수동형, 즉 「受け身형」과 다른 것은 수동형일 때는 동작을 하는 사람이 항상 상대방이고 본인은 그 상대방의 동작으로 인해 곤란하게 느껴진다든지 마이너스 어감을 느끼게 될 때의 표현이며 여기서의 「使役受け身형」은 동작의 주체는 본인입니다.

① 母に日記(にっき)を読まれた。　→　(受け身) 수동형

② 母に洗濯させられた。　→　(使役受け身) 사역피동형

①은 상대방인 어머니가 일기를 '보다'라는 행동을 하며 그것으로 인해 본인인 내가 마이너스 어감을 느끼게 되는 것이며, ②는 어머니의 명령으로 본인인 내가 세탁을 했는데 마지못해 했다는 의미를 나타내고 있습니다. 다시 말하자면 ①의 수동형의 「読む」 행동을 하는 사람이 어머니이며, ②의 사역피동형에서 「洗濯する」 행동을 하는 사람이 본인이다 하는 것입니다.

그리고 여기서 주의해야 할 점은 사역피동형은 어떤 내용을 나중에 다른 사람에게 설명할 때에 사용된다는 것, 즉 직접 부탁을 하는 것도 직접 인사하는 것도 아니라 '설명'하는 표현이라는 점이 아주 중요합니다.

◆ 만드는 방법

- 5단동사　　어미에 '_aserareru'를 붙여서 「読む」 → 「読ませられる」
- 1단동사　　어미 「る」를 「させられる」로 바꿔서 「食べる」 → 「食べさせられる」
- 예외동사　　「する」, 「くる」 → 「させられる」, 「こさせられる」

drill

◆ 연습문제

1. 先生＿＿＿＿＿＿＿＿＿＿＿＿＿＿＿＿。

   선생님께서 200개의 한자를 쓰라 하셨습니다. ⇒ 사역피동형을 사용

2. ＿＿＿＿＿＿＿＿＿＿＿＿＿＿＿＿。

   선배가 방청소를 시켰습니다. ⇒ 사역피동형을 사용

3. ＿＿＿＿＿＿＿＿＿＿＿＿＿＿＿＿

   ＿＿＿＿＿＿＿＿＿＿＿＿＿＿＿＿。

   마음이 내키지 않았지만 억지로 산에 올라가게 되었습니다. ⇒ 사역형피동을 사용

4. ＿＿＿＿＿＿＿＿＿＿＿＿＿＿＿＿

   ＿＿＿＿＿＿＿＿＿＿＿＿＿＿＿＿。

   숙제를 안 해 온 학생들은 운동장을 열 바퀴 달리게 되었습니다. ⇒ 사역피동형을 사용

5. ＿＿＿＿＿＿＿＿＿＿＿＿＿＿＿＿

   ＿＿＿＿＿＿＿＿＿＿＿＿＿＿＿＿。

   포로가 된 사람들은 극한 속에서 강제적으로 일을 하게 되었습니다. ⇒ 사역피동형을 사용

word

◆ 단어

한자 : 漢字(かんじ)	쓰다 : 書(か)く	선배 : 先輩(せんぱい)	방청소 : 部屋(へや)の掃除(そうじ)
마음이 내키지 않다 : 気(き)が進(すす)まない、気乗(きの)りがしない		억지로 : 無理(むり)やり	숙제 : 宿題(しゅくだい)
운동장 : グラウンド、運動場(うんどうじょう)		10바퀴 : 10周(しゅう)	달리다 : 走(はし)る
포로 : 捕虜(ほりょ)	극한 : 極寒(ごっかん)	강제적 : 強制的(きょうせいてき)	일하다 : 働(はたら)く

※ 5단동사의 사역피동형은 주로 생략형(省略形)이 많이 사용됩니다.

「読ませられる」 → 「読まされる」
「飲ませられる」 → 「飲まされる」
「書かせられる」 → 「書かされる」

~いだけ(命令) ~품어라

소년 : 少年(しょうねん)　대지 : 大志(たいし)　품다 : いだく

少年よ、大志をいだけ。

소년이여, 대지(큰 뜻)를 품어라.

note

표제에 나와 있는 문장은 명치시대 때에 「札幌農学校(さっぽろのうがっこう)」의 미국인 교육자인 크라크(William Smith Clark) 박사가 남긴 말로 아주 유명한 구절입니다.

영어로는 'Boys, be ambitious!'

이 unit에서는 명령형을 공부합니다. 한국어와 거의 비슷하기 때문에 어려운 것은 없습니다. 만드는 방법만 알면 됩니다.

5단동사	어미를 '_e'로 바꿔서
	「読む」 → 「読め」, 「書く」 → 「書け」
1단동사	어미 「る」를 「ろ」로 변화시키면 됩니다.
	「起きる」 → 「起きろ」, 「食べる」 → 「食べろ」
예외동사	「する」, 「くる」 → 「しろ 또는 せよ」, 「こい」

「する」가 2가지로 표현할 수 있다는 것도 기억해야 할 점입니다.

이런 관점에서는 1단동사도 사실은 2가지가 있습니다. 즉, 「食べろ」와 「食べよ」입니다. 그러나 일상생활에서는 「食べろ」가 일반적이고 보통입니다.

drill

◆ 연습문제

1. はやく____________________。

   빨리 일어나라!

2. ____________________。

   손을 들어라!

3. ____________________。

   상대방의 약점을 공격하라!

4. ____________________。

   하나하나 묻지 말고 혼자서 해결하라!

5. ____________________。

   방이 엉망진창이네, 깨끗이 정리해라!

word

◆ 단어

빨리 : はやく　　일어나다 : 起(お)きる　　손 : 手(て)　　상대방 : 相手(あいて)

약점 : 弱点(じゃくてん)　　공격하다 : 攻撃(こうげき)する　　혼자서 : 一人(ひとり)で　　해결하다 : 解決(かいけつ)する

방 : 部屋(へや)　　엉망진창이다 : 散(ち)らかっている、めちゃくちゃだ

정리하다 : 整理(せいり)する、片付(かたづ)ける

※ 명령형에는 「なさい」 스타일도 있습니다.

'깨끗이 정리해라' 같은 경우에는 「きれいに整理しろ」가 직접적인 번역이지만 「きれいに整理しなさい」라는 표현을 사용할 것입니다. 「~しろ」보다 훨씬 부드럽습니다. 부모나 선생님이 아이에게 말하는 스타일이 되겠습니다.

「なさい」가 명령형이 아닌 경우는 「おやすみなさい」, 「おかえりなさい」, 「ごめんなさい」의 3가지입니다.

~しだす　~하기 시작하다

전철 : 電車　　천천히 : ゆっくりと　　움직이다 : 動く

電車がゆっくりと動きだした。

전철이 움직이기 시작했다.

note

여기서는 「~しだす」 즉, '~하기 시작하다'에 대해 공부합니다.

동사의 「ます형」에 「だす」를 붙여서 → 「動きだす」

「うごく」의 「ます형」인 「うごきます」에서 「ます」를 버린 말 「うごき」에다가 「だす」를 붙여서 「うごきだす」로 만듭니다. 비슷한 말로 「~しはじめる」라는 것도 있는데 「~しだす」는 주로 무의지 동사(無意志動詞)와 연결이 되고, 「~しはじめる」는 의지동사(意志動詞)와 연결될 때가 일반적입니다.

예를 들어서 「実験をしはじめて3日目に、重大な発見をすることになった」, 즉 '실험을 시작한 지 3일 만에 중대한 발견을 하게 되었다'라는 표현으로 「実験をしだして」는 좀 하기 어렵습니다. 「する」가 의지동사이기 때문이지요.

여기서 「思う」 플러스 「だす」의 「思い出す」는 이 unit에서 공부하고 있는 '~하기 시작하다'라는 뜻이 아니라 '생각나다', '과거를 다시 생각하다'라는 의미이므로 주의해야 하는 점입니다.

개시(開始), 종료(終了)를 나타내는 표현에는 「~しだす」, 「~しはじめる」, 「~し終える」, 「~し終わる」, 「~やむ」 등이 있습니다.

雨が降りだした。	비가 내리기 시작했다.
小論文を書き始めて1時間は過ぎたろうか。	소논문을 쓰기 시작한 지 1시간은 지났을까.
とうとう『カラマーゾフの兄弟』を読み終えた。	드디어 '카라마조프의 형제'를 다 읽었다.
無事申請し終わった。	무사히 신청했었다.
雨が降りやんだ。	비가 그쳤다.

drill

연습문제

1. 新幹線________________________。

신칸센이 천천히 움직이기 시작했다.

2. ________________________

________________________。

공부한 지 10분도 안 됐는데 벌써 끝냅니까?

3. ________________________

________________________。

이 테마를 다루기 시작한 지 올해로 3년째다.

4. ________________________

________________________。

제트코스터가 움직이기 시작하자, 뒷자리에서 비명이 들려왔다.

5. ________________________

________________________。

프로펠러가 돌기 시작하자 헬리콥터는 공중에 뜨기 시작했다.

word

단어

신칸센 : 新幹線(しんかんせん)　천천히 : ゆっくり　움직이다 : 動(うご)く　공부하다 : 勉強(べんきょう)する

벌써 : もう　끝내다 : 終(お)える、やめる　테마 : テーマ　다루다 : 取(と)り組(く)む、扱(あつか)う

제트코스터 : ジェットコースター　뒷자리 : 後(うし)ろの席(せき)　비명 : 悲鳴(ひめい)

프로펠러 : プロペラ　돌다 : 回(まわ)る　헬리콥터 : ヘリコプター

공중 : 空(そら)、空中(くうちゅう)　뜨다 : 浮(う)く

※ '움직이기 시작했다'는 「動きはじめた」, 「動きだした」 양쪽 다 사용할 수 있습니다. 그런데 '울기 시작했다'는 「泣き出した」가 좋고, 「泣き始めた」는 약간 어색합니다. 감정적이며 순간적인 느낌을 줄 때는 「出した」가 어울리지요. 반대로 '작업을 시작했다'는 「作業をしはじめた」가 좋고, 「作業をしだした」는 약간 어색하게 느낍니다. 「作業する」가 의지적인 동사이기 때문입니다.

~からです　~때문입니다

성적 : 成績(せいせき)　올라가다 : 上(あ)がる　열심히 : 一生懸命(いっしょうけんめい)、よく
노력하다 : 努力(どりょく)する、がんばる

成績が上がったのは、よくがんばったからです。
성적이 올라간 것은 열심히 노력했기 때문입니다.

note

문장 끝에 오는 문말(文末)표현이며 이유를 나타내는 표현을 여기서 공부합시다. 회화에서도 물론 사용하지만 문장체에서도 많이 사용하는 표현으로 아주 중요한 문형이라 할 수 있습니다. 한국어와 일본어가 여기서는 거의 비슷한 표현이므로 그렇게 어려운 것은 없습니다.

◆명사와 ナ형용사일 경우 → 「だ」가 들어감
　学生だからです。
　ミョンドンはにぎやかだからです。

◆동사와 イ형용사일 경우 → 그대로 접속시킴
　遅刻したからです。
　その本は高いからです。

❧one point 연습
　뜨겁기 때문입니다.
　→ (　　　　　　　　　　　　　　　　　　　　)
　유학하기 때문입니다.
　→ (　　　　　　　　　　　　　　　　　　　　)
　너무 조용하기 때문입니다.
　→ (　　　　　　　　　　　　　　　　　　　　)
　아내의 도시락이기 때문입니다.
　→ (　　　　　　　　　　　　　　　　　　　　)

drill

◆ 연습문제

1. 熱＿＿＿＿＿＿＿＿＿＿＿＿＿＿＿＿＿＿＿＿＿＿。

   열이 39도나 되기 때문입니다.

2. ＿＿＿＿＿＿＿＿＿＿＿＿＿＿＿＿＿＿＿＿＿＿＿。

   젊은이들이 단결했기 때문입니다.

3. ＿＿＿＿＿＿＿＿＿＿＿＿＿＿＿＿＿＿＿＿＿＿＿。

   재미있는 질문을 많이 했기 때문입니다.

4. ＿＿＿＿＿＿＿＿＿＿＿＿＿＿＿＿＿＿＿＿＿＿＿。

   월드컵에서 4위가 되었기 때문입니다.

5. ＿＿＿＿＿＿＿＿＿＿＿＿＿＿＿＿＿＿＿＿＿＿＿

   ＿＿＿＿＿＿＿＿＿＿＿＿＿＿＿＿＿＿＿＿＿＿＿。

   스피커를 사지 않은 이유는 돈이 모자랐기 때문입니다.

word

◆ 단어

열 : 熱(ねつ)	젊은이들 : 若者(わかもの)たち	단결하다 : 団結(だんけつ)する	질문 : 質問(しつもん)
월드컵 : ワールドカップ	4위 : ベスト4	스피커 : スピーカー	모자라다 : 足(た)りない

※ 이렇게 문말 표현으로 이유를 나타내려면 「からです」를 사용합니다. 문말에 「＊のでです」는 안 옵니다. '시험이 있기 때문입니다'는 「試験があるからです」라고 하지 「＊試験があるのでです」라면 틀린 것입니다.

문말에는 「から」가 온다는 것은 확실히 명기해야 할 중요한 포인트입니다.

重さ、重み 무게

그 : 彼　　태도 : 態度　　실로 : 実に　　무게 : 重み

彼の態度は実に重みのある態度だった。
그의 태도는 실로 무게가 있는 태도였다.

note

「重い」라는 형용사를 「重み」나 「重さ」로 변화시켜서 명사 형태로 만드는 것에 대해 공부합니다. 「み」가 붙는 편이 「さ」가 붙는 편보다 추상적이며 인간적인 뜻을 나타냅니다. 위의 표제에서도 「重み」라고 하면 인간적인 무게를 말하며 「重さ」라고 하면 물질적인 구체적인 무게를 나타낸다고 볼 수 있습니다. 「~さ」가 붙으면 '정도'를 나타냅니다.

「さ」 → 거의 무조건 「ィ형용사」에 연결 가능, 「ナ형용사」에는 일부 가능
「み」 → 「ィ형용사・ナ형용사」에 연결되나 그다지 많지 않음

예를 들면 「広い」에서 「広さ」는 있어도 「*広み」는 없습니다. 「いい」는 「よさ」가 되며, 「*よみ」는 없습니다. 또 「イ형용사」에는 거의 무조건 「さ」를 붙일 수 있는데 「ナ형용사에는 그렇지 않다는 면도 있습니다. 예를 들면 「ナ형용사」인 「すきだ」, 「きらいだ」가 있는데 「*すきさ」, 「*きらいさ」는 없다는 것. 「大切さ」, 「はなやかさ」는 있습니다. 「ナ형용사」에 「み」가 붙는 경우는 더 적은 것입니다.

「イ형용사・ナ형용사」에 있어서 「み」 형태의 예는 아래와 같습니다.

◆ ィ형용사

重み、親しみ、悲しみ、高み、厚み、軽み、すごみ、明るみ、おもしろみ
楽しみ、痛み、強み、苦しみ、甘み、辛み、苦み、丸み、深み

◆ ナ형용사

誠実み、親切み、あわれみ、新鮮み

drill

◆ 연습문제

1. この＿＿＿＿＿＿＿＿＿＿＿＿＿＿＿＿＿＿＿＿。

이 찻잔의 무게는 얼마입니까?

2. ＿＿＿＿＿＿＿＿＿＿＿＿＿＿＿＿＿＿＿＿

＿＿＿＿＿＿＿＿＿＿＿＿＿＿＿＿＿＿＿＿。

고향 산의 아름다움은 말로 표현할 수 없습니다.

3. ＿＿＿＿＿＿＿＿＿＿＿＿＿＿＿＿＿＿＿＿

＿＿＿＿＿＿＿＿＿＿＿＿＿＿＿＿＿＿＿＿。

5일이 지나니 상처의 아픔은 거의 없어졌다.

4. ＿＿＿＿＿＿＿＿＿＿＿＿＿＿＿＿＿＿＿＿

＿＿＿＿＿＿＿＿＿＿＿＿＿＿＿＿＿＿＿＿。

일본에 유학 갔을 때 사람들의 친절함은 지금도 잊혀지지 않는다.

5. ＿＿＿＿＿＿＿＿＿＿＿＿＿＿＿＿＿＿＿＿

＿＿＿＿＿＿＿＿＿＿＿＿＿＿＿＿＿＿＿＿。

이 소설은 현실적이면서도 가벼운 맛이 있어서 정말 재미있습니다.

word

◆ 단어

찻잔 : 茶碗(ちゃわん)　　무게 : 重(おも)さ　　고향 : ふるさと、故郷(こきょう)　　표현하다 : 表現(ひょうげん)する

상처 : 傷(きず)　　유학 : 留学(りゅうがく)　　잊혀지지 않다 : 忘(わす)れられない　　소설 : 小説(しょうせつ)

현실적 : 現実的(げんじつてき)　　가벼운 맛 : 軽(かる)み

※ 「さ」는 거의 모든 「イ형용사」에 붙지만 ① 世界的처럼 「的」이 붙는 말, ② 「おしゃべり」 등 동사 「ます형」 어간을 포함한 「ナ형용사」에는 안 붙습니다.

안 되는 예로는,

* 世界的さ　* 国際的さ　* 基本的さ　* 公共的さ 등등
* おしゃべりさ　* 大食いさ 등등

unit 63

においがする　냄새나다

복도 : 廊下(ろうか)　　타다 : 焦(こ)げる、燃(も)える　　이상하다 : 変(へん)だ　　냄새 : におい

廊下のほうから何か焦げているような、変なにおいがするね。

복도 쪽에서 무언가가 타는 것 같은 이상한 냄새가 나네.

note

동사 「する」에 관한 용법 가운데 좀 특별한 것들을 여기에 모았습니다. 보통 우리가 아는 바로 「する」는 타동사입니다. 그러나 「する」가 자동사로 사용될 때도 많습니다. 여기서 보는 「する」가 바로 그 예들입니다. 관용구로서의 쓰임새가 대부분이지요.

① 音(おと)がする　　② 臭(にお)いがする
③ 稲光(いなびかり)がする　　④ 寒気(さむけ)がする
⑤ 吐気(はきけ)がする　　⑥ 悪寒(おかん)がする
⑦ 身震(みぶる)いがする　　⑧ 行く気(き)がしない
⑨ そんな感(かん)じがする　　⑩ あか抜(ぬ)けのした服装(ふくそう)
⑪ この本(ほん)は5万円(ごまんえん)もする　　⑫ 10日(とおか)もすると慣(な)れてきた

[해석] ① 소리가 나다, ② 냄새가 나다, ③ 번개가 치다, ④ 한기가 들다, ⑤ 구역질이 나다, ⑥ 한기(오한)가 들다, ⑦ 몸이 떨리다, ⑧ 가려는 마음이 내키지 않다, ⑨ 그런 느낌이 들다, ⑩ 세련된 옷차림, ⑪ 이 책은 5만엔이나 한다, ⑫ 열흘 지나자 익숙해졌다

그리고 여기서 자동사로서의 쓰임새가 아니지만 항상 「している」 형태로 사용되는 표현들도 특별하기 때문에 살펴봅시다.

⑬ 赤(あか)い色(いろ)をしている　　⑭ 黒(くろ)い髪(かみ)をしている
⑮ 長(なが)い足(あし)をしている　　⑯ 青(あお)い目(め)をしている
⑰ 丸(まる)い形(かたち)をしている　　⑱ 白い肌(はだ)をしている

[해석] ⑬ 빨간색이다, ⑭ 검은 머리카락을 가지고 있다, ⑮ 긴 다리를 가지고 있다, ⑯ 푸른 눈을 가지고 있다, ⑰ 둥근 모양이다, ⑱ 하얀 피부를 가지고 있다

drill

◆ 연습문제

1. 玄関____。

   현관 밖에서 이상한 소리가 나네.

2. ____

   ____。

   난방이 없는 방에서 일하고 있었더니 오한이 들었다.

3. ____

   ____。

   이런 뉴스를 보면 소름이 끼치네.

4. ____

   ____。

   뾰족한 모양의 바위가 아주 매력적이네.

5. ____

   ____。

   외국인 회사에 입사하고 그는 파란 눈의 여성과 사귀기 시작했다.

word

◆ 단어

현관 : 玄関(げんかん)　밖 : そと　이상하다 : 変(へん)だ　난방 : 暖房(だんぼう)
오한 : 寒気(さむけ)　소름이 끼치다 : 身震(みぶる)いがする　뾰족하다 : とがっている　바위 : 岩(いわ)
매력적 : 魅力的(みりょくてき)　외국인 회사 : 外資系(がいしけい)の会社(かいしゃ)　사귀다 : 付(つ)き合(あ)う

※ '둥근 모양을 한 테이블' → 「丸い形をしている」나 「丸い形をした」도 됩니다. 또 「丸い形の」처럼 해도 좋습니다.

unit 64

行かず　가지 않고

어제 : きのう　하루 종일 : 一日中(いちにちじゅう)　계속 : ずっと　집안 : 家(いえ)の中

きのうは一日中どこにも行かず、ずっと家の中にいた。

어제는 하루 종일 어디에도 가지 않고 계속 집안에 있었다.

note

부정형인데 문장을 연결할 때 사용되는 「ず」에 대해 공부합시다. 이 말은 다른 말로 한다면 「ないで」로 바꿀 수 있습니다. 예를 들어서 「行かず」는 「行かないで」라고도 말할 수 있는 것입니다. 「ず」는 문장체에서 많이 사용되는 경향이 있습니다. 회화에서도 물론 사용이 가능하지만 빈도수로 볼 때, 문장체에서 많이 사용된다는 것이지요. 간단하면서도 좀 딱딱한 느낌이 있고 긴밀한 느낌이 있으니 문장에서 더 어울립니다.

만드는 방법 → 동사의 「ない형」의 어간에 「ず」를 붙이면 됩니다.

예를 들어서 「読む」 경우에, 「ない형」인 「読まない」의 어간 「読ま」에다가 「ず」를 붙여서 「読まず」가 됩니다.

1단동사　「食べる」 → 「食べず」

예외동사　「する」는 「せず」, 「来る」는 「来(こ)ず」가 됩니다.

❧one point 연습

書く　→ (　　　　　　　　)

飲む　→ (　　　　　　　　)

行く　→ (　　　　　　　　)

食べる → (　　　　　　　　)

見る　→ (　　　　　　　　)

売る　→ (　　　　　　　　)

送る　→ (　　　　　　　　)

やめる → (　　　　　　　　)

drill

◆ 연습문제

1. 何も＿＿＿＿＿＿＿＿＿＿＿＿＿＿＿＿＿＿＿＿＿＿＿＿。

아무것도 먹지 않고 학교에 갔다.

2. ＿＿＿＿＿＿＿＿＿＿＿＿＿＿＿＿＿＿＿＿＿＿＿＿＿＿。

숙제도 안 하고 놀고 있습니다.

3. ＿＿＿＿＿＿＿＿＿＿＿＿＿＿＿＿＿＿＿＿＿＿＿＿＿＿。

그는 학교에 가지 않고 오락실에 갔다.

4. ＿＿＿＿＿＿＿＿＿＿＿＿＿＿＿＿＿＿＿＿＿＿＿＿＿＿

＿＿＿＿＿＿＿＿＿＿＿＿＿＿＿＿＿＿＿＿＿＿＿＿＿＿＿。

한눈팔지 않고 공부하고 있는 그는 정말 대단하다.

5. ＿＿＿＿＿＿＿＿＿＿＿＿＿＿＿＿＿＿＿＿＿＿＿＿＿＿

＿＿＿＿＿＿＿＿＿＿＿＿＿＿＿＿＿＿＿＿＿＿＿＿＿＿＿。

아직은 인생을 말하지 않는다. ⇒ 「歌のタイトル」

word

◆ 단어

숙제 : 宿題(しゅくだい)　　놀다 : 遊(あそ)ぶ　　오락실 : ゲームセンター

한 눈 팔지 않다 : わき目(め)もふらない　　대단하다 : すごい　　인생 : 人生(じんせい)

※

「ず」와 거의 비슷한 말에 「ずに」가 있습니다.

スタンドを消さず寝ました。　　스탠드를 끄지 않고 잤습니다.

スタンドを消さずに寝ました。　　스탠드를 끄지 않고 잤습니다.

위와 같이 부대상황(付帯状況)일 경우에는 「ず」와 「ずに」는 같습니다만 이때 「ずに」가 더 어울린 것 같습니다.

キムさんは図書館に行かず、パクさんは図書館に行った。

김씨는 도서관에 안 가고, 박씨는 도서관에 갔다.

＊キムさんは図書館に行かずに、パクさんは図書館に行った。

이렇게 병렬(並列)의 의미에서 「ず」는 가능한데 「ずに」는 어색합니다. 이 정도가 「ず」와 「ずに」의 차이점이라 할 수 있습니다. 물론 「ないで」를 사용해서,

キムさんは図書館に行かないで、パクさんは図書館に行った。

김씨는 도서관에 안 가고, 박씨는 도서관에 갔다.

이렇게 사용해도 됩니다.

unit 65

~ないうちに　~하기 전에

오다 : くる、降る　빨리 : はやく　돌아가다 : 帰る

雨が降らないうちに、はやく帰りましょう。

비가 오기 전에 빨리 집으로 돌아갑시다.

note

'~하기 전에'라는 뜻을 나타내는 문형인 「~ないうちに」는 부정형으로 사용합니다. '전에'를 나타내는 「まえに」도 있으면서 왜 「ないうちに」를 사용하는가? 이것은 「まえに」와 「ないうちに」 사이에 약간 다른 점이 있기 때문입니다.

「まえに」는 공간적인 의미와 시간적인 의미를 가지고 있는데 공간적인 의미에서는 「ないうちに」로 바꿀 수는 없습니다. 그런데 시간적인 의미에서는 대체로 「まえに」는 「ないうちに」로 바꿀 수 있습니다.

그리고 「ないうちに」는 언젠가(금방이라도) 비가 온다는 전제 아래, '비가 온다는 상황이 벌어지기 전에'라는 뜻이 포함됩니다. 금방 비가 올 것 같은 느낌이 있을 때 「雨が降るまえに」로 표현할 수도 있지만 「雨が降らないうちに」로 말하는 편이 금방 올 것 같은 비를 피해서 빨리 가자는 느낌이 강하게 나타난다는 말입니다.

「ないうちに」 → 무의지성(無意志性)

예를 들어서 '학교에 가기 전에 가방을 정리했다'라는 문장을 「学校へ行くまえに、かばんを整理した」라고 해야지 「*学校へ行かないうちに、かばんを整理した」라고 말할 수 없는 것입니다. 이것은 「行く」가 의지동사이기 때문에 그렇습니다.

주어(主語)가 바뀌게 되면 무의지성이 없는 동사도 괜찮아집니다. 예를 들어서 '선생님이 오시기 전에 숙제를 다 해놓자'는 「先生が来ないうちに、宿題を全部終わらせよう」가 되며 사용이 가능합니다. 전문은 「先生が来る」(선생님)이 주체이고, 후문은 「(私は)宿題を終える」에서 '나'가 주체이기에 주어가 바뀌었지요. 이럴 때에 「来る」라는 의지동사라도 사용이 가능하다는 것이지요.

그런데 이 문형은 주로 자연현상일 때에 많이 사용합니다. 비가 온다든지, 해가 뜬다든지, 밤이 된다든지 등의 자연현상 앞에 사용하기 쉬운 표현입니다.

drill

연습문제

1. コーヒー ____。

커피는 식기 전에 드세요. ⇒ 「ないうちに」를 사용

2. ____。

어두워지기 전에 저 마을까지 갑시다. ⇒ 「ないうちに」를 사용

3. ____

____。

아기가 깨기 전에 가계부를 썼다. ⇒ 「ないうちに」를 사용

4. ____

____。

강의가 끝나기 전에 이 질문을 하겠어. ⇒ 「ないうちに」를 사용

5. ____

____。

좋은 아이디어는 잊어버리기 전에 재빨리 메모해 두어야만 합니다.
⇒ 「ないうちに」를 사용

word

단어

커피 : コーヒー	식다 : 冷(さ)める	어두워지다 : 暗(くら)くなる	마을 : 村(むら)
아기 : 赤(あか)ちゃん	깨다 : 目(め)を覚(さ)ます	가계부를 쓰다 : 家計簿(かけいぼ)をつける	
강의 : 講義(こうぎ)	아이디어 : アイディア	재빨리 : すばやく	

※ 「母が買い物に行っているうちにそうじした」처럼 「ないうちに」가 아니라 「うちに」만으로도 문장은 성립됩니다. 이것은 「母が買い物に行っているあいだにそうじした」와 같이 「あいだに」라고도 말할 수 있습니다. 그런데 「あいだに」는 부정형과 함께 사용할 수 없습니다.

* 赤ちゃんが目をさまさないあいだにそうじした。 아기가 눈을 뜨기 전에 청소했다.

「目をさまさないうちに」로 하면 문제가 없습니다.

~すぎる　너무 ~하다

무겁다 : 重(おも)い　　혼자 : 一人(ひとり)　　들다 : 持(も)つ

重すぎて、私一人では持てません。

너무 무거워서 나 혼자서는 들 수 없습니다.

note

'너무 ~하다'라는 표현에 대해서 공부합니다. 일본어에서는 「イ형용사」의 「い」를 버리고 「すぎる」를 붙이면 하나의 동사가 되며 '너무 ~하다'라는 뜻을 나타내게 됩니다.

「重すぎる」라는 형태가 되면 품사는 동사가 됩니다. 형용사가 동사로 변환된다라고 볼 수 있습니다.

ィ형용사	「高い」→「高すぎる」	너무 비싸다
ナ형용사	「静かだ」→「静かすぎる」	너무 조용하다

동사에 「すぎる」를 붙일 수도 있습니다. 예를 들어 「行く」 경우 「ます형」인 「行きます」의 어간 「行き」에다가 「すぎる」를 붙여서 「行きすぎる」라는 말이 생성되는데 이 단어의 의미는 '너무 많이 간다'라는 뜻입니다.

「考(かんが)えすぎる」, 「食べすぎる」, 「飲みすぎる」 → 사용빈도가 많은 예

그리고 이 표현은 「飲みすぎ」라는 명사 형태로도 일반적으로 많이 사용합니다. 한국어로서는 '지나치게 (술을) 마심'이라는 뜻을 나타냅니다.

drill

연습문제

1. ゆうべ＿＿＿＿＿＿＿＿＿＿＿＿＿＿＿＿＿＿＿＿＿＿。

어젯밤에 과음했습니다. ⇒ 「すぎる」를 사용

2. ＿＿＿＿＿＿＿＿＿＿＿＿＿＿＿＿＿＿＿＿＿＿＿＿。

일을 너무 많이 해서 병이 든 사람도 많다. ⇒ 「すぎる」를 사용

3. ＿＿＿＿＿＿＿＿＿＿＿＿＿＿＿＿＿＿＿＿＿＿＿＿。

예산을 너무 많이 써서 이제 거의 바닥났다. ⇒ 「すぎる」를 사용

4. ＿＿＿＿＿＿＿＿＿＿＿＿＿＿＿＿＿＿＿＿＿＿＿＿。

너무 많이 운동을 하면 오히려 몸에 나빠요. ⇒ 「すぎる」를 사용

5. ＿＿＿＿＿＿＿＿＿＿＿＿＿＿＿＿＿＿＿＿＿＿＿＿

＿＿＿＿＿＿＿＿＿＿＿＿＿＿＿＿＿＿＿＿＿＿＿＿。

파티에 가서 과식하지 않도록 조심하세요. ⇒ 「すぎる」를 사용

word

단어

어젯밤 : ゆうべ　　일 : 仕事(しごと)　　예산이 바닥나다 : 残(のこ)っていない　　운동 : 運動(うんどう)

오히려 : かえって　　몸 : 体(からだ)　　파티 : パーティー　　조심하다 : 気(き)をつける

※ 「ゆうべ飲みすぎました」는 괜찮은데 「*ゆうべ飲みすぎでした」는 안 됩니다.

이렇게 명사 형태 「飲みすぎ」라는 표현은 한 번만의(一回限り) 일에 대해서는 보통 사용할 수 없습니다. 명사 형태는 관습적인 내용에 사용하는 것이지요. 「君はいつも飲みすぎだ」(자네는 항상 너무 과음한다)처럼 하면 괜찮습니다.

unit 67

～っぽい、めく ～스럽다

저 친구 : あの子(こ)　　점점 : だんだん　　여성스럽다 : 女(おんな)っぽい

あの子、だんだん女っぽくなってきたね。

저 친구, 점점 여성스러워졌네.

note

「～っぽい」, 「めく」 둘 다 어떤 성질을 가지게 될 때나 그 경향을 가지게 될 때에 사용되는 표현입니다. 예를 들어 「赤っぽい」는 완전히 빨갛다라는 의미라기보다는 좀 빨간색을 띠는 색깔, 즉 불그스름하다라는 의미입니다.

「俗(ぞく)っぽい」(속되다, 통속적이다), 「青(あお)っぽい」(푸르스름하다)
「水(みず)っぽい」(물기가 많다, 싱겁다), 「色(いろ)っぽい」(요염하다, 육감적이다)
「忘(わす)れっぽい」(잘 잊다) 등

「っぽい」는 명사, 동사의 連用形(「ます형」)에 연결이 되며 「イ형용사」로서의 역할을 하게 됩니다.

「めく」에 대해서는 예를 들어,

「めく」 → 「春(はる)めく」(봄다워지다), 「皮肉(ひにく)めく」(비꼬는 듯하다)
「脅迫(きょうはく)めく」(협박조이다) 등

「めく」는 명사에 붙고 5단동사로서의 역할을 하게 됩니다. 예를 들어 「春めく」, 「だんだん春めいてきました」(점점 봄다워졌습니다).

※ 어미 부분이 「めく」로 되어 있는 동사로는
「うごめく」(꿈틀거리다), 「きらめく」(빛나다), 「ひらめく」(번쩍이다), 「ときめく」(두근거리다)
등이 있습니다. 이 동사들은 위에서 언급한 바와 같이 「명사 + めく」로 구성된 동사가 아닙니다. 한글 뜻을 보면 알 수 있듯이 '~스럽다'라는 뜻은 없지요.

drill

◆ 연습문제

1. 辺りは ______________________________。

   주변은 아주 봄다워졌습니다.

2. ______________________________。

   그는 쉽게 화내서 곤란하다.

3. ______________________________
   ______________________________。

   저 불그스름한 스웨터를 꺼내 주세요.

4. ______________________________
   ______________________________。

   그런 비웃는 말은 하지 마십시오.

5. ______________________________
   ______________________________。

   최근에는 자주 잊게 되었습니다. 나이 탓인지도 모릅니다.

word

◆ 단어

주변 : 辺(あた)り　　봄다워지다 : 春(はる)めく　　화내다 : 怒(おこ)る、腹(はら)をたてる

곤란하다 : 困(こま)る　　불그스름하다 : 赤(あか)っぽい　　스웨터 : セーター　　꺼내주다 : とる

비웃는 말 : 皮肉(ひにく)めいたことば　　최근 : 最近(さいきん)　　잊다 : 忘(わす)れる

※

「っぽい」와「らしい」

「らしい」→ 접미사(接尾辞)로서의「らしい」는 전형적인 성질을 갖고 있을 때 사용함.

　子供らしい性格　　어린이다운 성격 (어린이에 대해 사용)

「っぽい」→ 원래 바람직하지 않은 성질을 갖고 있을 때 사용함.

　子どもっぽい性格　　어린이 같은 성격 (어린이도 아닌데)

~しやすい、しにくい、しがたい ~하기 쉽다, 어렵다

참고서 : 参考書　설명 : 説明　간결하다 : 簡潔だ　이해하다 : 理解する

この参考書、説明が簡潔で理解しやすいですね。
이 참고서, 설명이 간결해서 이해하기 쉽네요.

note

'~하기 쉽다', '~하기 어렵다'에 대해서 공부합니다. '하기 쉽다'는 대부분 「~しやすい」로 해석하면 됩니다.

「書きやすい」(쓰기 쉽다), 「見やすい」(보기 쉽다), 「越えやすい」(넘어가기 쉽다)

그런데 '~하기 어렵다'는 상황에 따라 2가지의 해석이 있습니다. 즉, 「~しにくい」, 「~しがたい」입니다.

「にくい」 → 의지동사와 함께 사용되어 '~하기 어렵다'라는 뜻과 무의지동사와 함께 사용되어 '좀처럼 ~하지 않는다'라는 뜻을 나타냅니다.
このペンは書きにくいです。 이 펜은 쓰기 힘듭니다.

「がたい」 → 주로 심정적으로 ~하고 싶지만 상황적으로 그렇게 못할 경우에 사용됩니다.
友好を結ぶ上で核問題は避けがたい。 우호를 맺는 데 핵문제는 피하기 어렵다.

「書きにくい」, 「食べにくい」, 「読みにくい」, 「見にくい」 등의 표현은 각각 '쓰기 어렵다', '먹기 어렵다', '읽기 어렵다', '보기 어렵다'가 됩니다. 「みにくい」는 따로 같은 발음으로 「醜い(みにくい)」(추하다, 보기 흉하다)라는 의미도 있기에 유의해야 합니다. 문맥으로 판단합니다.

「がたい」의 예로서 「耐えがたい」, 「忍びがたい」, 「越えがたい」, 「動かしがたい事実」 등의 표현이 있습니다. '견디기 어렵다', '참기 어렵다', '넘어가기 어렵다', '움직이기 어려운 사실'이라는 뜻입니다. 「耐えがたきを耐え、忍びがたきを忍び…」, 즉 '참을 수 없는 시련을 참고'라는 뜻인데 이것은 옛날에 일본에서 사용했던 구절인데 요즘에도 블로그(Blog) 같은 데에서 사용되고 있습니다.

drill

연습문제

1. この________________________________。

이 지도, 크니까 보기 쉽네요.

2. ________________________________。

더 잘 보이는 곳으로 이동합시다.

3. ________________________________

________________________________。

익숙하지 않은 침대 때문에 어젯밤에 잠을 자기 힘들었다.

4. ________________________________

________________________________。

이 볼펜 심 부분이 매끌매끌해서 쓰기 쉽네요.

5. ________________________________

________________________________。

움직일 수 없는 사실 앞에 범인은 고개를 숙였다.

word

단어

지도 : 地図(ちず)
익숙하다 : 慣(な)れる
이동하다 : 場所(ばしょ)を変(か)える、移動(いどう)する
침대 : 寝台(しんだい)、ベッド
볼펜 : ボールペン
심 부분 : 先端(せんたん)のところ、先(さき)の部分(ぶぶん)
매끌매끌하다 : つるつるしている
사실 : 事実(じじつ)
움직일 수 없다 : 動(うご)かしがたい
범인 : 犯人(はんにん)
고개를 숙이다 : 首(くび)をたれる

※ '크니까 보기 쉽네요'의 경우 '보는 것이 용이하다'라는 뜻으로 '~하기가 용이하다'라는 뜻을 가리킵니다. 「～やすい」는 이렇게 '~하기가 용이하다'라는 뜻을 가리킬 때가 있고, 또 '자주 ~하다'라는 뜻을 가리킬 때가 있습니다. 후자의 예문은 「ロンドンは雨が降りやすい」(런던은 비가 자주 내린다)가 있습니다.

이처럼 「～やすい」에는 '~하기가 용이하다'와 '자주 ~하다' 두 가지가 있습니다.

~中　~중

지금 : いま　선생님 : 先生　수업 : 授業　중 : 中

いま先生は授業中です。

지금 선생님은 수업중입니다.

note

'~중'을 나타내는 「中」에 대해 공부합시다. 한국어와 일본어는 이 부분에서 거의 같기 때문에 그대로 사용하면 되는데 문제점은 「中」의 발음입니다. 일본어 「中」에는 두 가지의 발음이 있는데 하나는 「ちゅう」이며 또 하나는 「じゅう」이지요.

「ちゅう」 → 「工事中」, 「電話中」, 「出張中」, 「勉強中」, 「応接中」
「食事中」, 「使用中」 등

「ちゅう」는 어떤 상황이 계속되는 것을 나타낼 때 사용됩니다.

「じゅう」 → 「世界中」, 「日本中」, 「韓国中」, 「部屋中」, 「一日中」 등

「じゅう」는 '계속(継続)'이 아니라 '전체(全体)'나 '일대(一帯)' 등의 의미를 나타내는 내용이므로 「じゅう」로 발음하는 것입니다. 그래서 '계속'은 「ちゅう」로, '전체'는 「じゅう」로 발음한다는 것만 알아두면 되겠습니다.

예외적으로,

- 「今週中」 → 「こんしゅうちゅう」, 「こんしゅうじゅう」 두 가지 발음

課題物は今週中に出してください

과제물은 이번 주에 제출하도록 하세요.

今週中に大きな地震が起きる可能性が大という

이번 주에 큰 지진이 일어날 가능성이 크다고 합니다.

drill

◆ 연습문제

1. それは＿＿＿＿＿＿＿＿＿＿＿＿＿＿＿＿＿＿＿＿＿＿＿。

그것은 온 세계 사람들이 다 알고 있습니다.

2. ＿＿＿＿＿＿＿＿＿＿＿＿＿＿＿＿＿＿＿＿＿＿＿＿＿＿

＿＿＿＿＿＿＿＿＿＿＿＿＿＿＿＿＿＿＿＿＿＿＿＿＿＿。

지금 개최 중인 게임 전시회는 대단히 인기가 있습니다.

3. ＿＿＿＿＿＿＿＿＿＿＿＿＿＿＿＿＿＿＿＿＿＿＿＿＿＿

＿＿＿＿＿＿＿＿＿＿＿＿＿＿＿＿＿＿＿＿＿＿＿＿＿＿。

테러에 의한 공격은 세계 모든 사람들의 관심을 끌었다.

4. ＿＿＿＿＿＿＿＿＿＿＿＿＿＿＿＿＿＿＿＿＿＿＿＿＿＿

＿＿＿＿＿＿＿＿＿＿＿＿＿＿＿＿＿＿＿＿＿＿＿＿＿＿。

어제는 하루 종일 아무것도 하지 않고 집 안에서 빈둥거렸다.

5. ＿＿＿＿＿＿＿＿＿＿＿＿＿＿＿＿＿＿＿＿＿＿＿＿＿＿

＿＿＿＿＿＿＿＿＿＿＿＿＿＿＿＿＿＿＿＿＿＿＿＿＿＿。

회의 중이기 때문에 휴대폰 소리를 진동으로 바꿔 주세요.

word

◆ 단어

온 세계 사람들 : 世界中(せかいじゅう)の人　개최 중 : 開催中(かいさいちゅう)　게임 : ゲーム

전시회 : 展示会(てんじかい)　테러 : テロ　공격 : 攻撃(こうげき)　관심을 끌다 : 関心(かんしん)をひく

하루 종일 : 一日中(いちにちじゅう)　빈둥거리다 : ごろごろする　회의 : 会議(かいぎ)

휴대폰 : 携帯電話(けいたいでんわ)　진동 : 振動(しんどう)　바꾸다 : 切(き)り替(か)える

※

'지금 겨울방학 중입니다'라고 할 때 「今冬休み中(ちゅう)です」가 됩니다. 이것을 「＊今冬休みのあいだです」처럼 「～のあいだです」라고는 할 수 없습니다.

문말(文末)에 오는 「～中(ちゅう)です」는 「～のあいだです」로 바꿀 수 없는 것입니다. 문말이 아닌 경우 「冬休み中に京都へ行ってきました」는 「冬休みのあいだに京都へ行ってきました」처럼 「あいだに」로 해서 말할 수 있게 됩니다.

unit 70

だらけ、まみれ 투성이

아이 : 子(こ)ども　　흙 : 泥(どろ)、土(つち)　　투성이 : だらけ　　모습 : 姿(すがた)
돌아오다 : 帰(かえ)ってくる

子どもは泥だらけの姿で家に帰ってきた。
아이는 흙투성이 모습으로 집으로 돌아왔다.

note

이번 과에서는 '~투성이'라는 의미를 나타내는 표현, 즉 「だらけ」, 「まみれ」에 대해서 공부합시다.

- 「だらけ」 → 무언가가 많이 존재한다는 뜻
  「血(ち)だらけ」(피투성이), 「借金(しゃっきん)だらけ」(빚투성이), 「傷(きず)だらけ」(상처투성이)

- 「まみれ」 → 몸에 묻은 내용을 말함
  「血まみれ」(피투성이), 「泥まみれ」(흙투성이), 「ほこりまみれ」(먼지투성이)

그래서 「借金だらけ」라는 표현은 있으나 「＊借金まみれ」라는 표현은 없습니다. 그리고 어떤 방을 보고,

「この部屋はごみだらけですね」　OK
「＊この部屋はごみまみれですね」　NG

「血だらけ」, 「血まみれ」라든지 「泥だらけ」, 「泥まみれ」들은 둘 다 있는 표현입니다. 여기서는 예를 들어서 「泥だらけ」와 「泥まみれ」에 대해 구분한다면 「泥だらけ」는 흙이 몸의 곳곳에 묻어서 흙투성이다라는 느낌이며, 「泥まみれ」는 몸의 곳곳이 아니라 몸 전체, 즉 머리에도 눈에도 손에도 귀에도 다리에도 골고루 빈틈없이 흙이 묻어서 흙 인형처럼 보이는 듯한 느낌을 나타냅니다. 그래서 이때는 「泥まみれ」가 더 심한 내용을 가리키게 되는 거지요. 「血だらけ」와 「血まみれ」도 같은 이해를 하면 됩니다.

drill

연습문제

1. テレビ＿＿＿＿＿＿＿＿＿＿＿＿。
   텔레비전이 먼지투성이네요.

2. ＿＿＿＿＿＿＿＿＿＿＿＿
   ＿＿＿＿＿＿＿＿＿＿＿＿。
   신용카드 때문에 그녀는 빚투성이의 생활을 하고 있습니다.

3. ＿＿＿＿＿＿＿＿＿＿＿＿
   ＿＿＿＿＿＿＿＿＿＿＿＿。
   사고현장 빌딩 밑에서 피투성이의 사람이 실려 나갔다.

4. ＿＿＿＿＿＿＿＿＿＿＿＿
   ＿＿＿＿＿＿＿＿＿＿＿＿。
   옛날에 '상처투성이의 인생'이라는 영화가 있었네.

5. ＿＿＿＿＿＿＿＿＿＿＿＿
   ＿＿＿＿＿＿＿＿＿＿＿＿。
   아이들은 석양이 기울어지는 갯벌에서 흙투성이의 모습으로 놀고 있었다.

word

단어

텔레비전 : テレビ　먼지 : ほこり　신용카드 : 信用(しんよう)カード　빚 : 借金(しゃっきん)
생활 : 生活(せいかつ)　사고현장 : 事故現場(じこげんば)　빌딩 : ビル、ビルディング　피 : 血(ち)
실려 나가다 : 運(はこ)び出(だ)される　옛날 : 昔(むかし)　상처 : 傷(きず)
영화 : 映画(えいが)　석양 : 夕日(ゆうひ)　기울어지다 : 傾(かたむ)く　갯벌 : 干潟(ひがた)
흙 : 泥(どろ)　놀다 : 遊(あそ)ぶ

※ 「だらけ」와 비슷한 의미를 나타내는 말로 「ずくめ」라는 말이 있습니다. 예를 들어 '그는 검정색 일색의 모습으로 왔다' 이런 문장은 「彼は黒ずくめの姿でやってきた」처럼 하면 됩니다.

「黒ずくめ」(흑일색), 「白ずくめ」(백일색), 「いいことずくめ」(좋은 일만 있음), 「異例ずくめ」(이례투성이), 「全身ブランドずくめ」(온몸이 브랜드투성이), 「記録ずくめ」(기록투성이) 등 쓰임새도 다양하고 많습니다. 블로그에서도 일본인들이 많이 사용하고 있습니다. 「ずくめ」는 '존재하는 것 모두', '~만 계속되다'라는 뜻을 가지고 있고 플러스, 마이너스에 관해서는 중립(中立)입니다.

~らしい　~것 같다

내일 : あした　　한자 : 漢字(かんじ)　　시험 : テスト、試験(しけん)

あした漢字のテストがあるらしいよ。

내일 한자시험이 있을 것 같네.

note

'~것 같다'라는 의미를 나타내는 「~らしい」에 대해 공부하는 과입니다. unit 51에서 언급한 「ようだ」와 비슷한 의미를 나타내기 때문에 학습자들에게는 어려운 부분입니다.

기초단계에서 알아두어야 할 것은 간단히 말한다면 「ようだ」는 자기 육감에서 느껴지는 실감을 토대로 말하는 것이 기본적인 입장이며, 「らしい」는 외부적인 근거라든가 들었던 이야기 등을 기초로 해서 판단하여 이야기할 때에 사용된다는 것입니다.

「この薬(くすり)、効(き)いているようだな」

→ '이 약이 효과가 있는 것 같구나'라는 의미이며 약을 먹으면서 실감적으로 효과가 있다고 본인이 느껴져 말하는 스타일.

「この薬、効いているらしいよ」

→ '이 약이 효과가 있는 것 같네'라는 어감이므로 약을 먹으면서 어떤 검사결과라든가 의사 선생님의 말을 인용하여 말하는 스타일.

그래서 문말(文末)에 오는 문말사(文末詞)에 주의한다면 「ようだ」 경우에는 「な」가 붙어 있고, 「らしい」에는 「よ」가 붙어 있는데 「な」는 자기의 육감을 토대로 한 실감적인 말이며, 「よ」는 어디서 들었던 이야기를 누군가한테 전해주는 느낌을 나타낼 때에 많이 사용하는 말이므로 「らしい」의 특징을 잘 말해 주고 있는 것입니다.

◆ 접속

· 명사	「あの人、先生らしいですよ」(저 사람은 선생님인 것 같아요)처럼 바로 연결시킴.
· ナ형용사	「彼、元気らしい」(그는 건강한 것 같네)처럼 어간(語幹)만 사용
· イ형용사와 동사	「おもしろいらしい」(재미있는 것 같다), 「帰ったらしい」(돌아간 것 같다)처럼 보통형(普通形)에 연결시키면 됨.

◆ 「らしい」 → 접미사(接尾辞)로

여기서 주의해야 하는 점은 「らしい」에는 전혀 다른 품사가 있다는 것입니다. 즉, 「男らしい」, 「女らしい」, 「学生(がくせい)らしい服装(ふくそう)」, 「わざとらしい態度(たいど)」 등 접미사로서의 용법이 그것입니다. 의미는 '남자답다', '여자답다', '학생다운 복장', '일부러 꾸민 것 같은 태도'로 해석이 됩니다. 명사 등에 접속됩니다. → unit 67 참고

drill

◆ 연습문제

1. あした______________________________。
   내일은 날씨가 개일 것 같다. ⇒ 「らしい」를 사용

2. ______________________________。
   드디어 봄다운 계절이 왔다. ⇒ 「らしい」를 사용

3. ______________________________。
   일본에서 큰 지진이 있었던 것 같네. ⇒ 「らしい」를 사용

4. ______________________________
   ______________________________。
   그렇게 일부러 꾸민 것 같은 말은 하지 마세요. ⇒ 「らしい」를 사용

5. ______________________________
   ______________________________。
   아이는 아이답게 고분고분하게 말을 잘 들어야 되는 거야. ⇒ 「らしい」를 사용

word

◆ 단어

내일 : あした　　드디어 : いよいよ　　계절 : 季節(きせつ)　　지진 : 地震(じしん)

일부러 꾸민 것 같은 : わざとらしい　　아이답다 : 子どもらしい　　고분고분하다 : すなおだ

※

「らしい」에는 전문(伝聞)적인 의미도 있습니다. 표제의 「テストがあるらしいよ」는 바로 그 예입니다. 「らしい」는 양태(様態)와 전문(伝聞) 쌍방에 걸치고 있는 말입니다.

그래서 의사가 환자에게 「胃潰瘍(いかいよう)らしいですね」라고 말하면 무책임한 태도로 말한 꼴이 됩니다. 「胃潰瘍のようですね」라고 말할 것입니다.

연습문제

unit 01

1. 여기가 어디입니까?
2. 저기는 서울 시청입니다.
3. 이것은 칠판입니다.
4. 그것은 내가 좋아하는 음식입니다.
5. 이 책은 일본어 작문 책입니다.
6. 그것은 누구의 교과서입니까?
7. 그 사람은 누구입니까?
8. 저 산은 무슨 산입니까?
9. 이것은 누구 것입니까?
10. 저것은 사토 씨의 가방입니다.

unit 02

1. 여기는 빈 터였습니다.
2. 그것은 가습기입니다.
3. 아이는 중3입니다.
4. 아내는 경주 사람입니다.
5. 어머니는 77살입니다.
6. 학교는 천안입니다.
7. 공연은 내일입니다.
8. 여기는 영화관이었습니다.
9. 저기는 백화점입니다.
10. 거기는 강이었습니다.

unit 03

1. 나는 열심히 공부합니다.
2. 어제 일찍 잤습니다.
3. 오늘 아침에는 일찍 일어났습니다.
4. 매일 서울에서 일합니다.
5. 어젯밤에는 늦게까지 비디오를 봤습니다.

6. 박씨는 일본에 출장 갔습니다.
7. 그는 대학에서 정치학을 가르칩니다.
8. 오르막길을 올라갑니다.
9. 호수에서 헤엄칩니다.
10. 해운대 앞바다에서 작은 배를 탑니다.

unit 04

1. 아내의 요리는 아주 맛있습니다.
2. 여기는 서울보다 춥지 않습니다.
3. 새마을호보다 고속철도가 훨씬 빠릅니다.
4. 이 슈퍼보다 저 할인점이 싸고 품질도 좋습니다.
5. 그 집은 어둡고 좁습니다.
6. 소씨는 영리하고 예의 바릅니다.
7. 저 높은 빌딩은 무엇입니까?
8. 아침은 상쾌하고 좋습니다.
9. 그 여학생은 귀엽고 상냥합니다.
10. 파티의 요리들은 맛있지 않았습니다.

unit 05

1. 그녀는 명랑하고 친절합니다.
2. 야마다 씨는 정직한 사람입니다.
3. 과일은 싫지 않습니다.
4. 이 넥타이는 좀 지나치게 화려한데요.
5. 건강할 때는 건강의 중요함을 모릅니다(느끼지 못합니다).
6. 사치하는 사람은 가난한 사람의 마음을 모릅니다.
7. 이 나라는 자유롭고 평등합니다.
8. 이 일은 예쁘고 유쾌한 여성에게 어울립니다.
9. 동그랗고 평평한 테이블이 있습니까?
10. 그는 옛날에는 성실했는데 언제부터 저렇게 변했습니까?

unit 06

1. 부부싸움에서는 항상 아내가 이긴다.
2. 아버님은 고집이 세고 엄격하다.
3. 천 리 길도 한 걸음부터.
4. 볼펜은 편리하다.
5. 오후 예정은 아직 미정이다.

6. 패스포트(여권)는 이미 있다.
7. 사토 씨는 지금 영국에 있다,
8. 그 대통령은 젊은 세대들의 지지가 많다.
9. 이 나라의 공휴일은 자주 변한다.
10. 한국은 월드컵에서 4강 진출을 했다.

unit 07

1. 아침에 밥을 먹지 않는다.
2. 올해는 눈이 많지 않다(많이 오지 않는다).
3. 비단 어제 오늘만의 일이 아니다.
4. 그 아이는 목소리가 크지 않다.
5. 약속을 취소하고 영화를 보지 않는다.
6. 일본어 발음이 빨라 알아듣지 못했다.
7. 롤러코스터가 누구에게나 재미있는 것은 아니다.
8. 그 배우를 모두가 좋아하는 것은 아니다.
9. 그 텔레비전 프로그램은 오늘이 아니라 내일이다.
10. 이 책은 소문만큼 재미있지 않다.

unit 08

1. 지진의 피해는 대단했다.
2. 사장님은 지난주에 일본에 출장 가셨다.
3. 그 벤처기업은 강력한 신제품을 개발했다.
4. 이 논문을 온 세계 사람들이 많이 인용했다.
5. 이 아파트도 1년 전에는 지금보다 1억 원이나 쌌다.
6. 어렸을 때 그녀는 아주 예뻤다.
7. 신 발매 맥주는 싸고 맛있었다.
8. 인도로 배낭여행 갔을 때 자주 강변에서 잤다. (배낭여행 = ヒッチハイク)
9. 타고난 재능으로 그는 일류 피아니스트가 되었다.
10. 팀워크가 좋아서 연구업적은 아주 좋았다.

unit 09

1. 텔레비전을 보고 나서 잤습니다.
2. 수업이 끝나고 나서 게임을 했습니다.
3. 일본에 가서 친구를 만났습니다.
4. 백암온천에서 온천을 하고 푹 쉬고 나왔다.
5. 아르바이트를 하고 나서 영화를 봤다.

6. 게임을 한 다음에 공부했다.
7. 노래방에서 노래를 하고 춤도 추었다.
8. 선생님과 술을 마시고 이야기를 했습니다.
9. 버스를 타고 시내구경을 했다.
10. 눈 위에서 놀고 눈싸움도 했다.

unit 10

1. 하늘은 파랗고 맑습니다.
2. 그 가게에서 무엇을 팔고 있습니까?
3. 언제부터 일본어를 공부했습니까? (「していますか」를 사용)
4. 저기에 서 있는 사람은 누구입니까?
5. 복도에서 말하고 있는 사람은 박씨입니다.
6. 심각한 얼굴로 무엇을 생각하고 있습니까?
7. 시냇물에서 아이들이 헤엄치고 있습니다.
8. 기무라 씨가 슬로프에서 스키를 타고 있습니다. (슬로프 = ゲレンデ。「滑る」를 사용)
9. 지금 이메일로 답장을 쓰고 있습니다.
10. 컴퓨터 프로그래밍을 알고 있는 사람은 이쪽으로 오세요.

unit 11

1. 여기에 주소와 이름을 써 주세요.
2. 같이 가 주세요.
3. 맥주를 따라 주세요.
4. 가장 위에 학번을 써 주세요.
5. 잔디 안에 들어가지 마세요.
6. 옥상에는 절대 가지 마세요.
7. 계단이나 복도에서 놀지 마세요.
8. 리포트는 다음주 수요일까지 제출하세요.
9. 화재가 나지 않도록 주의하세요.
10. 매일 20자씩 한자 연습을 하세요.

unit 12 (모두 「あります」를 사용)

1. 책상 위에 참고서가 놓여져 있습니다.
2. 냉장고가 코너에 놓여져 있습니다.
3. 선반에 짐이 얹혀져 있습니다.
4. 벽에 달력이 걸려 있습니다.
5. 패스포트(여권)는 서랍 안에 넣어져 있습니다.

보충 연습문제

6. 유학 안내의 포스터가 게시판에 붙여져 있습니다.
7. 간판 불을 밤 12시까지 켜놓았네요.
8. 이 자동차는 이미 고쳐놓았습니다.
9. 냉장고에 맥주가 들어 있습니다.
10. 마당에 흰 장미꽃이 심어져 있네요.

unit 13

1. 나는 영화를 보고 싶습니다.
2. 어디도 가고 싶지 않습니다.
3. 자동차를 사고 싶습니다.
4. 여동생은 유학가고 싶어 합니다.
5. 남동생은 유럽여행을 하고 싶어 합니다.
6. 훌륭한 졸업논문을 쓰고 싶습니다.
7. 본고장의 김치를 먹고 싶습니다.
8. 용평스키장에서 스키를 타고 싶습니다.
9. 이번 여름방학에는 꼭 해운대에 가서 수영하고 싶습니다.
10. 이웃집 사모님이 벤츠를 사고 싶어 합니다.

unit 14

1. 연하의 연인을 갖고 싶습니다.
2. 니콘 카메라를 갖고 싶습니다.
3. 도요타 자동차를 갖고 싶습니다.
4. 도시바 노트북컴퓨터를 갖고 싶습니다.
5. 최신형의 휴대전화를 갖고 싶습니다.
6. 50평 아파트를 갖고 싶습니다.
7. 설명이 쉬운 작문 책을 갖고 싶습니다.
8. 소니 플레이스테이션을 갖고 싶습니다.
9. 싼 중고차를 갖고 싶습니다.
10. 토마스 만의 전집을 갖고 싶습니다.

unit 15

1. 머리가 아파서 어디에도 안 갑니다.
2. 돈이 없어서 조용히 집에 있습니다.
3. 열이 있어서 약을 먹습니다.
4. 시간이 없으니 서둘러 주세요.
5. 기분이 나쁘니까 빨리 집에 가고 싶습니다.

6. 일요일이니까 차가 적습니다.
7. 오늘 밤은 한가로우니까 친구와 함께 나갑니다.
8. 버스가 안 왔기 때문에 지각했습니다.
9. 많은 눈이 왔기 때문에 교통이 마비됐습니다.
10. 자동차를 운전하는 사람은 뒤쪽이 잘 안 보이니까 사고가 발생합니다.

unit 16

1. 이 책, 정말 마음에 들었습니다.
2. 형은 북해도에 살고 있습니다.
3. 오늘 밤은 시내의 작은 호텔에 머뭅시다.
4. 아이가 비에 젖은 채 서 있습니다.
5. 김씨는 돈이 없어서 힘들어 합니다.
6. 박씨는 파티 준비 때문에 바쁩니다.
7. 매월 가족에게 편지를 쓰고 있다.
8. 고향 산에 안녕을 고하고 기차를 탔다.
9. 이씨는 담배를 사러 슈퍼에 갔다.
10. 매일 아침 테니스를 하러 아파트 뒤 빈터에 갑니다.

unit 17

1. 큰 소리로 읽어 주세요.
2. 택시로 집에 돌아갑니다.
3. 저 코너에서 택시를 세워주세요.
4. 오늘 우리 집에서 파티가 있습니다.
5. 역까지 10분 걸립니다.
6. 이 사과, 10개에 얼마입니까?
7. 내일의 회의에서 이 아이디어를 제안하겠습니다.
8. 감기 때문에 학교를 쉬었습니다.
9. 모두 교실에서 공부하고 있습니다.
10. 작년에 설악산에서 이 돌을 주워왔습니다.

unit 18

1. 에어컨을 켜놓은 채 자서 감기에 걸렸다.
2. 먹은 채로 두고(치우지 않고) 집을 나갔다.
3. 바빠서 화장도 않은 채 집을 나갔습니다.
4. 창문을 열어둔 채 교실을 나갔습니다. (부정형을 사용)
5. 불을 켜 둔 채 교실을 나가서는 안 됩니다.

6. 예습을 하지 않은 채로는 수업에 들어가도 이해 못해요.
7. 자동차 안에 열쇠를 둔 채로 문을 닫았다.
8. 머리를 말리지 않은 채 밖에 나가서는 안 됩니다.
9. 구두를 신은 채 방에 들어가서는 안 됩니다.
10. 콘택트렌즈를 빼지 않은 채 자서 눈이 아팠다.

unit 19

1. 그것은 무슨 꽃입니까?
2. 거기는 무슨 거리입니까?
3. 그것은 무슨 책입니까?
4. 그것은 무슨 영화입니까?
5. 그 볼펜은 어떤 회사의 것입니까?
6. 그 게임은 무슨 게임입니까?
7. 어떤 제목으로 논문을 썼습니까?
8. 그는 미국의 무슨 대학교에 다니고 있습니까?
9. 사회언어학이라는 분야가 있는데 알고 있습니까?
10. 철학이라는 학문은 어떤 것을 하는 겁니까?

unit 20

1. 아이들이 놀고 있습니다.
2. 이러한 책들은 전부 다 김씨 것입니까?
3. 그들은 전부 다 동남아시아 사람들입니다.
4. 그 여자들은 어디서 온 사람들입니까?
5. 손님들은 다 외국사람입니다.
6. 임원들은 그 회의를 기피했다. (보이콧 = ボイコット)
7. 고객들은 신제품을 아주 좋아하고 있다.
8. 관광버스를 탄 사람들은 어느 나라 사람들이지요?
9. 학교를 청소하는 아주머니들은 전부 다 성실하네요.
10. 공원 벤치에서 연인들이 가지각색의 모습으로 사랑을 속삭이고 있다.

unit 21

1. 갈지 말지 빨리 결정합시다.
2. 하코네나 닛고 둘 중 어느 쪽인가에 갑니다.
3. 볼지 말지는 본인의 마음에 달려 있다.
4. 합격할지 못할지는 노력하기에 달려 있다.
5. 남자인지 여자인지는 아직 모른다.

6. 범인이 동쪽으로 갔는지 서쪽으로 갔는지는 누구도 모른다.
7. 벤처가 성공할지 못할지는 아이디어 나름이다.
8. 영향이 있는지 없는지는 데이터를 조사해야만이 알 수 있다.
9. 학생들이 만족하고 있는 건지 불만스러운지는 교수평가 결과로 알 수 있다.
10. 죽느냐 사느냐 그것이 문제이다.

unit 22

1. 매일 몇 시간 정도 잡니까?
2. 일본에 몇 년 정도 있었습니까?
3. 3개월 어학연수에는 어느 정도 듭니까?
4. 5시쯤에 그쪽으로 갑니다.
5. 아토피에 항생제만큼 나쁜 것은 없다.
6. 몇 시쯤에 돌아옵니까?
7. 이 테마를 다루게 된 지 3년 정도가 되었습니다.
8. 주말만은 자유로이 지내고 싶다.
9. 겨울 방학은 몇 주 정도 있습니까?
10. 잔혹한 게임만큼 아이들의 정서를 해치는 것은 없다.

unit 23

1. 식사를 하기 전에 손을 씻읍시다.
2. 수업 전에 예습을 합니다.
3. 공부하기 전에 조금 게임을 했습니다.
4. 집을 나가기 전에 가스 개폐 장치를 확인합시다.
5. 운전하기 전에 면허증을 확인합시다.
6. 스키를 타기 전에 준비운동을 확실히 합시다.
7. 장거리 주행을 하기 전에 자동차 점검을 했습니다.
8. 테스트 전에 노트를 자세히 다시 봤습니다.
9. 데이트 전에 옅은 화장을 했습니다.
10. 자기 전에 콘택트렌즈를 뺐습니다.

unit 24

1. 산은 해가 지는 게 빠릅니다.
2. 친구와 함께 이야기하는 것은 즐겁습니다.
3. 나는 영화를 보는 것을 좋아합니다.
4. 권씨는 치장(외출 준비)을 하는 것이 늦습니다. (치장 = 身支度)
5. 큰 소리로 발음하는 것이 좋아요.

6. 어머니는 뜨개질하는 것을 좋아합니다.
7. 요리를 만드는 것이 나의 취미입니다.
8. 아버지는 저녁식사 때에 술을 마시는 것이 습관입니다.
9. 형은 게임 프로그래밍을 하는 것을 좋아합니다.
10. 김씨는 말하는 것은 늦는데 쓰는 것은 빠릅니다.

unit 25

1. 나는 2,000미터를 수영할 수 있습니다.
2. 한자는 대부분 읽을 수 있습니다.
3. 가타카나는 전부 쓸 수 있습니다.
4. 아직 혼자서 버스를 못 탑니다.
5. 이 문장의 의미를 이해할 수 없습니다.
6. 후지산은 몇 월에 올라갈 수 있습니까?
7. 나는 소주를 못 마십니다.
8. 피곤해서 이제 더 걸을 수 없습니다.
9. 도서관에서 책을 몇 권 빌릴 수 있습니까?
10. 「つ」의 소리를 올바르게 발음할 수 없습니다.

unit 26

1. 게임을 하려고 합니다.
2. 공부하려고 합니다.
3. 집을 나가려고 했을 때 전화가 걸려 왔습니다.
4. 넥타이를 사려고 했을 때 지갑이 없어진 것을 알았습니다.
5. 내년에 일본에 여행 가려고 생각합니다.
6. 졸업하고 나서 대기업에 들어가려고 생각합니다.
7. 계속해서 일본어를 공부하려고 생각합니다.
8. 겨울방학에 알프스 스키장에 가려고 생각합니다.
9. 올해 여름방학에는 인도에 가려고 생각합니다.
10. 역에서 계단을 올라가려고 했을 때 뒤에서 김씨 목소리가 들렸다.

unit 27

1. 팔을 올렸다 내렸다 합시다.
2. 무릎을 구부렸다 폈다 합시다.
3. 그것을 밀거나 당기거나 해 보세요.
4. 몇 번이나 집어넣었다 꺼냈다 하는 것은 좋지 않습니다.
5. 공을 차기도 하고 드리블하기도 합니다.

6. 뛰기도 하고 걷기도 하면서 목적지에 도착했다.
7. 노래방에서 노래도 부르고 춤도 추면서 즐겼습니다.
8. 입원기간 중은 누웠다 일어났다 하는 생활이었습니다.
9. 버스로 오기도 하고 택시로 오기도 합니다.
10. 파티에서 기타를 치기도 하고 피아노를 치기도 했습니다.

unit 28

1. 이제 슬슬 자는 것이 좋아요.
2. 금방 병원에 가는 것이 좋아요.
3. 열이 있으니까 쉬는 것이 좋아요.
4. 더울 때는 회를 안 먹는 편이 좋아요.
5. 토토로라는 애니메이션은 한 번쯤 보는 편이 좋아요.
6. 이 강에서는 수영하지 않는 편이 좋아요.
7. 그러면 이 논문을 읽는 편이 좋아요.
8. 집중하지 못할 때는 산책이라도 하는 편이 좋아요.
9. 저기서는 U턴 하지 않는 편이 좋아요.
10. 헬스센터에 가는 것보다 매일 조깅을 하는 편이 좋아요.

unit 29

1 「つ」의 발음을 할 수 있게 되었습니다.
2. 혼자 쇼핑하러 갈 수 있게 되었습니다.
3. 일본어로 편지를 쓸 수 있게 되었습니다.
4. 5,000미터를 수영할 수 있게 되었습니다.
5. 그의 연설을 듣고 많은 사람들이 지지하게 되었습니다.
6. 점점 동급생들과 이야기하게 되었습니다.
7. 점점 게임센터에 안 가게 되었습니다.
8. 편식하지 않고 무엇이든지 먹을 수 있게 되었습니다.
9. 기술이 진보되어 그다지 고장이 나지 않게 되었습니다.
10. 선생님의 조언을 듣고 그는 성실히 공부하게 되었습니다.

unit 30

1. 이제 자도록!
2. 다치지 않도록 주의하세요.
3. 쉴 때는 반드시 연락을 하도록 하세요.
4. 이름도 잊지 않도록 하세요.
5. 매주 화요일에 리포트를 제출하도록 하세요.

6. 찢어지지 않도록 봉지를 이중으로 해 줄까요?
7. 기본단어는 빨리 외우도록 하세요.
8. 같은 잘못을 몇 번이나 하지 않도록 하세요.
9. 발표할 때는 잘 들리도록 큰 소리로 말해 주세요.
10. 모두 다 잘 보이도록 큰 글자로 써 주세요.

unit 31 (모두 「つもり」를 사용)

1. 내년에 일본에 갈 작정입니다.
2. 그게 무슨 뜻이에요? (좀 화내면서 하는 말)
3. 주말에 무엇을 할 생각입니까?
4. 내주 어디에 갈 생각입니까?
5. 내년에 1급 시험을 칠 생각입니다.
6. 나는 졸업하고 나서 대학원에 갈 생각입니다.
7. 회사에 들어가서 스키를 시작할 생각입니다.
8. 죽은 셈 치고 일해서 드디어 집을 샀습니다.
9. A라고 쓴 것 같은데 그게 아니었나요.
10. 전화한 것 같았는데 안 했나요? 죄송합니다.

unit 32

1. 유학하기 위해서 일하고 있습니다.
2. 여행하기 위해서 돈을 모으고 있습니다.
3. 피아니스트가 되기 위해서 열심히 연습하고 있습니다.
4. 화가가 되기 위해서 매일 데생 연습을 하고 있습니다.
5. 눈사태 때문에 등산대가 행방불명이 되었다.
6. 일본어 교사가 되기 위해서 매일 발음 연습을 합니다.
7. 핵문제 때문에 여론이 두 개로 갈라졌다.
8. 지구온난화 때문에 해면상승이라는 현상이 생겼다.
9. 먹기 위해서 사는 겁니까, 살기 위해서 먹는 겁니까?
10. 암을 극복하기 위해서 많은 연구자들이 노력하고 있다.

unit 33

1. 남산타워에 올라간 적이 있습니다.
2. 베트남을 여행한 적이 있습니다.
3. 금강산에 올라간 적이 있습니까?
4. 자갈치시장에서 쇼핑을 한 적이 있습니까?
5. 프레스테를 한 적이 있습니다. (프레스테 = プレステ、ソニーのゲーム)

6. 일본 디즈니랜드에 간 적이 있습니까?
7. 타마고치를 본 적이 있습니까?
8. 한라산에 올라간 적이 있습니다.
9. '천지'를 본 적이 있습니까?
10. 배로 오륙도 가까이를 지나간 적이 있습니다.

unit 34

1. 밥을 막 먹을 참입니다.
2. 밥을 먹는 중입니다.
3. 밥을 지금 막 다 먹었다.
4. 지금 막 나갈 참입니다.
5. 시험공부를 하고 있는 중입니다.
6. 조깅에서 지금 막 돌아왔습니다.
7. 지금 막 수업이 끝났습니다.
8. 지금부터 수업이 시작될 참입니다.
9. 비행기가 지금 막 도착했습니다.
10. 계약이 지금 막 성립됐습니다.

unit 35

1. 여기에 앉아도 됩니까?
2. 여기에 들어가도 됩니까?
3. 이 홀을 사용해도 됩니까?
4. 이 교실에서 연습해도 됩니까?
5. 여기서 탁구를 해도 됩니까?
6. 시험 중 사전을 봐도 됩니까?
7. 열이 있으니까 빨리 집으로 돌아가도 됩니까?
8. 사정이 있는데 내일 쉬어도 됩니까?
9. 공부할 때 음악을 들어도 됩니다.
10. 여기는 쇼핑을 하고 나서 카드로 지불해도 됩니다.

unit 36

1. 한국에서는 자동차로 왼쪽 주행을 해서는 안 됩니다.
2. 음악회에서 큰 소리로 이야기해서는 안 됩니다.
3. 수업 중에 잡담을 해서는 안 됩니다.
4. 겨울방학 중 매일 놀기만 해서는 안 됩니다.
5. 유학 가서 혼자 있어서는 안 됩니다.

6. 용돈을 다 써서는 안 됩니다.
7. 공장 내에서 비디오 촬영을 해서는 안 됩니다.
8. 면허를 가지지 않고 운전해서는 안 됩니다.
9. 관계자 이외는 이 안에 들어가서는 안 됩니다.
10. 수험표가 없는 자는 여기서부터 앞으로 가서는 안 됩니다.

unit 37

1. 리포트는 언제까지 제출해야 합니까?
2. 연구소에서는 일본어로 말해야 합니다.
3. 허가를 받아야 합니다.
4. 집에 들어갈 때 신발을 벗어야 합니다.
5. 매일 아침 몇 시에 일어나야 합니까?
6. 여행할 때 무엇을 준비해야 합니까?
7. 매일 4시간 이상 공부해야 합니다.
8. 내일까지 한자를 300자 이상 써야 합니다.
9. 부모님께 매달 한 번은 편지를 보내야 합니다.
10. 그 논문은 3회 이상 읽어야 합니다.

unit 38

1. 한자로 쓰지 않아도 됩니다.
2. 새로운 노트는 안 사도 됩니다.
3. 그렇게 빨리 걸어가지 않아도 됩니다.
4. 그 일은 혼자서 하지 않아도 됩니다.
5. 이 짐은 안 보내도 됩니다.
6. 주민번호는 기입하지 않아도 됩니다.
7. 보호자는 안 가도 됩니다.
8. 선불해 놓았기 때문에 돈은 지불하지 않아도 됩니다.
9. 내일은 쉬는 날이니까 공부하지 않아도 됩니다.
10. 그다지 열이 없으니까 병원에 안 가도 됩니다.

unit 39

1. 내일은 큰 비가 올지 모릅니다.
2. 내일은 눈이 올 것입니다.
3. 강의는 벌써 시작되었을지 모릅니다.
4. 나는 좀 늦을지 모릅니다.
5. 어쩌면 졸업시험은 아주 어려울지 모릅니다.

6. 오오타 씨가 공항에 와 있을지도 모릅니다.
7. 저기를 걷고 있는 사람은 박씨일지도 모릅니다.
8. 제일 중요한 것은 고객들의 의견일지도 모릅니다.
9. 그녀는 일본요리를 싫어하는 것일지도 모릅니다.
10. 매일 빠짐없이 연습을 하고 있으니 우승할지 모릅니다.

unit 40

1. 제품에 흠집이 없는지 조사합니다.
2. 스위치를 껐는지 여부를 확인해 주세요.
3. 그 뉴스가 정말인지 아닌지 바로 확인해 보겠습니다.
4. 길이 붐비는지 여부를 알고 있습니까?
5. 양씨가 귀국할지 안 할지는 아직 모릅니다.
6. 기계를 멈추고 어디가 이상한지를 조사해 주세요.
7. 스위치를 끄고 무엇이 원인인지 찾아봅시다.
8. 모니터 화면이 밝은지 어떤지 여기서 검사합니다.
9. 여기서 사이즈가 맞는지 어떤지 검사하고 있습니다.
10. 관광객이 많으니까 호텔을 예약할 수 있을지 모릅니다.

unit 41 (모두 「と」를 사용)

1. 많이 쓰면 외울 수 있습니다.
2. 노래를 부르면 힘이 납니다. (힘 = 元気)
3. 오른쪽으로 돌면 학교가 있습니다.
4. 바로 쭉 가서 왼쪽으로 돌면 골프장이 있습니다.
5. 라면을 먹으면 몸이 따뜻해집니다.
6. 술을 마시면 얼굴이 빨개집니다.
7. 운동하면 건강해집니다.
8. 이 책으로 연습을 하면 잘하게 됩니다.
9. A플러스를 따면 장학금을 얻을 수 있습니다.
10. 자동차를 운전하면 그 사람의 성격이 나타납니다.

unit 42 (모두 「ば」를 사용)

1. 싸면 삽니다.
2. 그에게 물어보면 알 수 있습니다.
3. 여기를 누르면 소리가 나옵니다.
4. 타이머가 있으면 편리합니다.
5. 전지를 교환하면 괜찮아요.
6. 이 매뉴얼을 읽으면 사용법을 알 수 있습니다.

7. 버튼을 돌리면 음량을 조절할 수 있습니다. (버튼 = つまみ)
8. 돈을 넣지 않으면 안 나와요.
9. 이 설명서를 읽지 않으면 알 수 없어요.
10. 아침 7시에 집을 나가지 않으면 9시까지 도착 못합니다.

unit 43 (모두 「たら」를 사용)

1. 비가 오면 중지합니다.
2. 시간이 있으면 갑니다.
3. 한가로우면 놀러 오세요.
4. 싸면 디지털카메라를 삽니다.
5. 수리하지 않으면 이 PC는 움직이지 않습니다.
6. 거스름돈이 안 나오면 이 버튼을 눌러 주세요.
7. 사용법을 모른다면 설명서를 읽어 주세요.
8. 주말 날씨가 좋다면 무엇을 합니까?
9. 어학연수가 끝나면 무엇을 합니까?
10. 일본유학에서 돌아오면 어떻게 할 생각입니까?

unit 44 (모두 「なら」를 사용)

1. PC라면 아키하바라가 쌉니다.
2. 시부야에 간다면 예쁜 신발을 살 거야.
3. 바다라면 해운대이겠지요.
4. 강이라면 한강이겠지요.
5. 말이라면 제주도이겠지요.
6. 조작이 간단하다면 삽니다.
7. 영화배우라면 한석규이겠지요.
8. 홋카이도에 간다면 노천온천을 해 보세요.
9. 하코네의 선물이라면 온천의 흑계란이지요.
10. 남성이라면 중국, 여성이라면 한국이라고 말해지고 있네요.

unit 45

1. 회의의 서류는 이미 복사해 놓았습니다.
2. 저기까지 가 봅시다.
3. 벌써 잊어 버렸나요?
4. 가방을 전철 안에 두고 와 버렸습니다.
5. 아이가 미아가 되어 버렸습니다.
6. 잊지 않도록 메모해 둡니다.
7. 이 약, 한 번 시도해 보세요.

8. 나의 몫도 지불해 두세요.
9. 열심히 싸웠지만 지고 말았습니다.
10. 어려운 것도 실제로 해 보면 의외로 간단할 때가 있습니다.

unit 46

1. 같이 걸어갑시다.
2. 영화에서 활약해 온 영웅들.
3. 검찰이 수집해 온 정보.
4. 선생님이 연구해 온 주제는 무엇입니까?
5. 점점 단어실력을 키워 나갑시다.
6. 2학년이 되어 숙제가 갑자기 늘어났어요.
7. 이 거리는 점점 커지네요.
8. 정보화를 이끌어 나가기 위한 제언.
9. 조용했던 이 길도 출퇴근 시간에는 정체하게 되었습니다.
10. 이것은 제품을 만들어 가는 과정을 설명한 매뉴얼입니다.

unit 47

1. 돈을 넣었는데 캔커피가 안 나오네요.
2. 일요일인데도 일이 있습니다.
3. 일본어를 잘하면서도 별로 말하지 않는 사람도 있다.
4. 이 식당은 요리의 맛이 좋지 않으면서도 가격이 비쌉니다.
5. 약을 먹었는데도 열이 내리지 않습니다.
6. A/S를 부탁했는데도 아직 안 오네요.
7. 편지를 부쳤는데 아직 답장이 안 옵니다.
8. 방에 누구도 없는데 불이 켜져 있습니다.
9. 약속을 했는데 그녀는 안 왔다.
10. 플랫폼은 금연인데도 담배를 피우고 있는 사람들이 있다.

unit 48

1. 색깔도 좋고 디자인도 좋으니 이 옷을 사겠습니다.
2. 콤팩트하고 기능도 많고 하니 이 노트북을 사겠습니다.
3. 귀엽고 상냥하니 그녀와 결혼하고 싶습니다.
4. 핸섬하고 능력도 있는 그와 결혼하고 싶습니다.
5. 재미있고 연기도 잘해서 그는 인기 넘버원의 탤런트입니다.
6. 깨끗하고 터미널도 가까워서 이 아파트를 샀습니다.
7. 값도 싸고 거기다가 가게 사람도 친절하니까요.

8. 맛도 좋고 거기다가 메뉴도 많으니까요.
9. 색깔도 예쁘고 거기다가 냄새도 좋으니까요.
10. 책의 종류도 많고 거기다가 분위기도 좋아서요.

unit 49

1. 그의 이야기로는 운동회가 연기되었다고 합니다.
2. 일기예보에 의하면 내일은 개인다고 합니다.
3. 일기예보에 의하면 내일은 구름이 낀다고 합니다.
4. 일기예보에 의하면 내일은 진눈깨비가 온다고 합니다.
5. 뉴스에 의하면 멕시코에서 큰 지진이 있었다고 합니다.
6. 뉴스에 의하면 미국이 북한을 공격하지 않는다고 합니다.
7. 뉴스에 의하면 '아톰'이 다시 시작된다고 합니다.
8. 뉴스에 의하면 내년부터 입시제도가 다시 바뀐다고 합니다.
9. 정보에 의하면 행정수도 이전 때문에 이 부근의 땅값이 오른다고 합니다.
10. 정보에 의하면 지하철 개통 때문에 이 지역의 아파트 값이 두 배나 올랐다고 합니다.

unit 50

1. 맛있어 보이는 케이크네요.
2. 아이가 신기한 얼굴로 보고 있습니다.
3. 이제 곧 전봇대가 쓰러질 것 같습니다.
4. 종이백의 끈이 끊어질 것 같습니다.
5. 양초의 불이 꺼질 것 같습니다.
6. 태풍 때문에 지붕이 날아갈 것 같습니다.
7. 아, 아이가 물에 빠질 것 같군요.
8. 이 참고서가 좋을 것 같네요.
9. 이쪽 가게가 분위기도 좋아 보이네요.
10. 데이터에 의하면 경기는 점점 좋아질 것 같네요.

unit 51

1. 문 근처에 누군가가 있는 것 같습니다.
2. 박씨는 아무래도 병이 난 것 같습니다.
3. 김씨는 최근 바쁜 것 같습니다.
4. 이씨는 무언가 볼 일이 있는 것 같습니다.
5. 정씨는 주말에 한가로울 것 같습니다.
6. 어딘가에 열쇠를 떨어뜨린 것 같습니다.
7. 방에 도둑이 들어온 것 같습니다.

8. 최씨는 어딘가에 나간 것 같습니다.
9. 비디오가 고장 난 것 같으니 좀 봐 주세요.
10. 양씨는 건강한 것 같으니 걱정하지 마세요.

unit 52 (답 부분에는 「んです」를 사용)

1. A : 왜 안 먹는 겁니까?
   B : 입에 안 맞아요.
2. A : 왜 TV를 안 보는 겁니까?
   B : 재미없어서요.
3. A : 왜 회사를 쉬었습니까?
   B : 몸이 안 좋아서요.
4. A : 무슨 일이에요?
   B : 문이 안 열리거든요.
5. A : 왜 안 가는 겁니까?
   B : 시간이 없어서요.
6. 한자를 모르는데요, 가르쳐 주시겠어요?
7. 도서관에 가고 싶은데, 어떻게 가면 좋겠습니까?
8. 거스름돈이 안 나오는데, 어떻게 하면 좋겠습니까?
9. PC를 갖고 싶은데 어디서 사면 좋겠습니까?
10. 난방이 안 되는데, 어디에 연락하면 됩니까?

unit 53

1. 어머니에게 지갑을 드렸습니다.
2. 연인에게 넥타이를 주었습니다.
3. 아버지에게 라이터를 드렸습니다.
4. 친구에게 편리한 다이어리를 주었습니다.
5. 친구에게 '日本語의 窓'이라는 책을 주었습니다.
6. 낯선 사람에게 길을 가르쳐 주었습니다.
7. 관엽식물에 물을 주었습니다.
8. 지갑을 주워 주었습니다.
9. 일본어로 쓴 편지를 봐 주었습니다.
10. 표현이 이상한 부분을 고쳐 주었습니다.

unit 54

1. 어머니가 나에게 돈을 주셨습니다.
2. 아버지가 자동차를 사 주셨습니다.

3. 친구가 시험범위를 가르쳐 주었습니다.
4. 김씨가 사전을 빌려 주었습니다.
5. 박씨가 아이스크림을 사 주었습니다.
6. 이씨가 지하철 승차권을 사 주었습니다.
7. 애인이 옛날 사진을 보여 주었습니다.
8. 부장님이 공장을 안내해 주셨습니다.
9. 거래처 사람이 매뉴얼을 보내 주었습니다.
10. 가토 씨가 역까지 차로 바래다주었습니다.

unit 55 (모두「もらう」를 사용)

1. 박씨한테서 선물을 받았습니다.
2. 선배한테서 낡은 참고서를 받았습니다.
3. 선생님한테서 한자책을 받았습니다.
4. 스즈키 씨가 편지 쓰는 법을 가르쳐 주었습니다.
5. 신주쿠역에 가고 싶은데 지도를 그려 주시지 않겠습니까?
6. PC의 사용법을 모르는데, 가르쳐 주시지 않겠습니까?
7. 복사기가 움직이지 않는데 좀 봐 주시지 않겠습니까?
8. 이 책을 읽고 싶은데 빌려 주시지 않겠습니까?
9. 일본어로 편지를 썼는데 좀 고쳐 주시지 않겠습니까?
10. 일본어폰트의 다운 방법을 모르는데 가르쳐 주시지 않겠습니까?

unit 56 (모두 수동형으로)

1. 쥐가 고양이에게 먹혔습니다.
2. 어머니가 나의 일기를 읽었습니다.
3. 형이 케이크를 먹었습니다(그래서 나는 피해의식을 가졌다).
4. 이 절은 700년대에 건축되었습니다.
5. 한국에서 많은 반도체 제품이 수출되고 있습니다.
6. 고속버스 안에서 옆에 있던 사람이 나한테 실수로 커피를 흘렸습니다.
7. 김 선생님은 모두에게 고릴라라고 불리고 있다.
8. 이 지방은 여러 가지 자원이 풍부하다.
9. 강원도가 큰 재난을 당했습니다.
10. 그 가수는 국민들에게 사랑을 받고 있습니다.

unit 57 (모두 사역형으로)

1. 아이에게 심부름을 시켰다.
2. 아이에게 책을 읽게 했다.
3. 아이에게 피아노를 배우게 하고 있다.

4. 아이에게 수영을 배우게 하고 있다.
5. 아이를 놀게만 해서는 안 됩니다.
6. 학생들에게 한자 연습을 시키고 있습니다.
7. 학생들에게 청취 문제를 시키고 있습니다.
8. 학생들에게 이것을 이해시키는 것은 어렵습니다.
9. 저런 아이는 마음대로 놓아두면 되는 거예요.
10. 아이는 빨리 자립시키는 편이 좋아요.

unit 58 (모두 사역피동형으로)

1. 선배가 나보고 강제로 술을 마시게 했습니다.
2. (누군가가) 무리하게 5,000미터나 수영하도록 시켰습니다.
3. (누군가가) 무거운 짐을 들게 했습니다.
4. 포로들은 강제적으로 일하게 되었습니다.
5. 멀리까지 심부름을 가게 되었습니다.
6. 싫다고 하는데 보신탕을 먹게 했습니다.
7. 생활태도가 나빠서 그는 학교에서 퇴학을 당했습니다.
8. 부모님의 생각으로 좋아하지도 않는 학과에 진학을 하게 되었습니다.
9. 말하고 싶지 않았지만 억지로 증언해야 했습니다.
10. 40억 원의 복권 당첨 뉴스를 보고 일한다는 것은 무엇인가를 생각하게 되었습니다.

unit 59

1. 더 열심히 일해라.
2. 선 앞에서 멈춰라.
3. 게임을 하지 마라.
4. 빨리 걸어.
5. 앞을 똑바로 봐라.
6. 성실하게 생각해라.
7. 일본어로 써라.
8. 왼쪽으로 걸어.
9. 놀기만 하지 마.
10. 시속 100km 이상 내지 마.

unit 60

1. 배가 움직이기 시작했다.
2. 그는 천천히 걷기 시작했다.
3. 도로 가운데에서 갑자기 노래하기 시작했다.

4. 돌이 굴러가기 시작했다.
5. 아기가 갑자기 울기 시작했다.
6. 건물이 갑자기 무너지기 시작했다.
7. 갑자기 비가 오기 시작했다.
8. 그녀는 갑자기 뛰기 시작했다.
9. 해가 지기 시작했다.
10. 약 때문에 열은 내리기 시작했다.

unit 61

1. 싸기 때문입니다.
2. 높기 때문입니다.
3. 시험이 있기 때문입니다.
4. 졸리기 때문입니다.
5. 배가 부르기 때문입니다.
6. 영국에 유학 가기 때문입니다.
7. 돈이 없기 때문입니다.
8. 내년에 결혼하기 때문입니다.
9. 좀 과음했기 때문입니다.
10. 빨리 집을 나가야 하기 때문입니다.

unit 62

1. 이 약, 좀 단맛이 있네요.
2. 이제 아픔은 없습니다.
3. 저 건물의 높이는 얼마입니까?
4. 이 시냇물의 깊이는 얼마입니까?
5. 그 방의 넓이는 얼마입니까?
6. 이 기계의 무게는 얼마입니까?
7. 이 소설은 좀… 재미가 모자라네요.
8. 이 세제는 깨끗함이 다르네요. (깨끗함 = 白さ)
9. 이 실험의 중요성(중요함)은 아무리 강조해도 지나치지 않습니다.
10. 그는 무게가 없어서 별로 존경받지 못합니다.

unit 63

1. 타는 냄새가 난다.
2. 이 도시락에서 이상한 냄새가 난다.
3. 컴퓨터에서 이상한 소리가 나네.

4. 추운 가운데 장시간 걸어서 오한이 왔다.
5. 고양이 새끼는 솜인형 같은 느낌이 드네.
6. 그 사람하고는 잘 지낼 수 있을 것 같은 느낌이 든다.
7. 어제부터 구역질이 나서 아무것도 못 먹는다.
8. 저런 곳에는 두 번 다시 갈 마음이 없다.
9. 애인은 노란색의 머리카락을 갖고 있다.
10. 둥근 모양을 한 테이블을 갖고 싶습니다.

unit 64

1. 풀장에서 수영하지 않고 시냇물에서 수영했다.
2. 팩스를 보내지 않고 전화를 했다.
3. 휴대폰을 하지 않고 이메일을 썼다.
4. 선물을 사지 않고 그냥 와 버렸다.
5. 산에 올라가지 않고 바다를 보러 갔다.
6. 그는 공부하지 않고 놀기만 한다.
7. 버스를 타지 않고 걸어갔다.
8. 학교에 가지 않고 도서관에 갔다.
9. 거기서는 술을 마시지 않고 지냈다.
10. 숙제를 하지 않고 학교에 갔다.

unit 65

1. 해가 지기 전에 집으로 돌아가자.
2. 기차가 출발하기 전에 우동을 사 오겠어요.
3. 여명이 오기 전에 리포트를 끝내자.
4. 물고기가 도망가기 전에 빨리 낚자.
5. 그들이 따라오기 전에 멀리 도망갑시다.
6. 들키기 전에 빨리 이실직고하자.
7. 눈이 녹기 전에 사진을 찍자.
8. 끈이 끊어지기 전에 새로운 것으로 교환하자.
9. 라면이 식기 전에 어서 드세요.
10. 벚꽃잎이 떨어지기 전에 꽃놀이를 가자.

unit 66

1. 이 책은 너무 비싸요.
2. 이 구두는 너무 커요.
3. 이 참고서는 너무 쉬워요.

4. 너무 성실해도 따돌림을 당해요.
5. 너무 한가로워서 곤란해요.
6. 바람이 너무 세서 자유롭게 걸을 수 없어요.
7. 너무 더워서 모두 다 파김치가 되었어요.
8. 물이 너무 뜨거워서 목욕탕에 들어갈 수 없어요.
9. 이 고기 너무 딱딱해서 못 먹어요.
10. 너무 풍부해서 물건의 소중함을 모르게 되어 가고 있다.

unit 67

1. 점점 봄다워졌습니다.
2. 비꼬는 듯한 말투를 하지 마세요.
3. 협박조의 말투로 그는 이야기하고 있었다.
4. 묘령의 여인이 혼자 복도에 서 있었다.
5. 그것은 아이 같은 생각입니다.
6. 어른다운 태도로 말합시다.
7. 그녀는 남자 같은 느낌이 드네.
8. 박씨는 하얀 느낌의 옷을 입고 있었다.
9. 학생 같은 생각은 이제 버립시다.
10. '가부키' 배우는 여성다운 몸짓으로 무대 중앙에 서 있었다.

unit 68

1. 이 샤프는 쓰기 쉽네요.
2. 이 컴퓨터는 조작하기 쉽네요.
3. 이 의자는 앉기 쉽네요.
4. 이 자동차는 운전하기 쉽네요.
5. 이것은 걷기 쉽게 만들어진 구두네요.
6. 이 교과서는 공부하기 쉽네요.
7. 선생님의 설명은 알기 쉽습니다.
8. 자갈길이라 걷기 힘드네요.
9. 그는 쉽게 구하기 어려운 인재입니다.
10. 이 약은 먹기 쉬워서 아이라도 쉽게 먹을 수 있습니다.

unit 69

1. 그 프로젝트는 지금 계획 중입니다.
2. A사와 B사는 지금 교섭 중입니다.
3. 지금 선생님은 연구실에서 녹음하시는 중입니다.

4. 이 기계는 지금 가동 중이니까 주의하세요.
5. 그 영화는 지금 상영 중입니다.
6. 탐험가인 김씨는 지금 항해 중입니다.
7. 정씨 부부는 지금 여행 중입니다.
8. 이 가게는 연중무휴입니다.
9. 교실 안에 있는 모든 학생들이 떠들고 있었다.
10. 선생님은 방학 내내 연구에 몰두하고 있었다.

unit 70

1. 비듬투성이의 머리.
2. 이 역은 폐휴지투성이입니다.
3. 땀투성이로 일하다.
4. 흙투성이가 되어 놀고 있었다.
5. 여행에서 돌아오니 방은 먼지투성이가 되었다.
6. 그는 검정색 일색의 모습으로 왔다.
7. 굴뚝을 청소해서 먼지투성이가 되었다.
8. 맞아서 멍투성이가 되었다.
9. 문제투성이의 예산안.
10. 결점투성이의 사람이라도 좋은 부분은 있어요.

unit 71

1. 일본은 교통비가 비싼 것 같아요.
2. 그 영화 재미있는 것 같네.
3. 이 물고기는 독이 있는 것 같군.
4. 학교를 새로 지을 것 같네.
5. 강남에 일식집이 있는 것 같네.
6. 그와 그녀는 내년에 결혼할 것 같네.
7. A사의 주가는 내년에 오를 것 같네.
8. 담배는 한 번 피우면 그만두기가 어려울 것 같네.
9. 그녀는 내년에 휴학해서 일본에 어학연수 갈 것 같네.
10. 지하철이 들어옴에 따라 아파트 값이 올라가고 있는 것 같네.

E-mail 주시면 친절히 응답하겠습니다.
· masaki@bu.ac.kr
· caupark@hanmail.net

해 답

unit 01

1. それはなんですか。
2. これは辞書です。
3. この雑誌はあなたのですか。
4. あのかばんはわたしのではありません。
5. このたばこはだれのですか。

unit 02

1. わたしは山田です。
2. 弟は先生ではありません。
3. きのうは雨でした。(雨がふりました)
4. 父は会社員ではありません。公務員です。
5. おとといは雪ではありませんでした。

unit 03

1. 日本語はやさしいです。
2. 授業時間は長いですか。
3. ひらがなは難しくありません。
4. スキーはとてもおもしろいです。
5. 明るくて広い部屋がいいです。

unit 04

1. ソウル駅は静かですか。
2. いいえ、静かではありません。
3. 韓国でいちばん有名な歌手は誰ですか。
4. ミョンドンは有名でにぎやかな街です。
5. 日本でいちばん有名な俳優は誰ですか。

unit 05

1. 私は図書館へ行きます。
2. 妹はジュースを飲みます。
3. きのうは何を買いましたか。
4. その映画を見ましたか。
5. 結婚していますか。

unit 06

1. 今晩、手紙を書く。
2. 工場は静かではない。
3. 来週日本へ行く。
4. 私はよくテレビを見る。
5. 英語はとても難しい。

unit 07

1. 彼は地下鉄に乗らない。
2. 私は酒を飲まない。
3. 木村さんは来ない。
4. きょうはあまり寒くない。(あまり = それほど)
5. 彼女はきれいではない。

unit 08

1. きのう手紙を書いた。
2. キムさんはおととい東京へ行った。
3. 4年前に李さんに会った。
4. 公園には誰もいなかった。
5. きのうは暑くなかった。

unit 09

1. 昼ごはんを食べてから、すこし休みます。
2. シャワーを浴びてから外出しました。
3. 朝起きて、顔を洗って、ごはんを食べます。
4. 上野に行って、友だちと会って、映画を見ました。
5. テレビを見て、日本語を勉強して、それから寝ました。

unit 10

1. いま、何をしていますか。
2. 田中さんはいま、音楽を聞いています。
3. テレビは消えています。
4. 大きな木が倒れています。
5. 佐藤さんは、窓際で韓国語の勉強をしています。

unit 11

1. 写真を見せてください。
2. 時間がありません。急いでください。
3. すみません。辞書を貸してください。
4. 鉛筆のほかには使わないでください。
5. 日本語がわからないので、もう少しゆっくり話してください。

unit 12

1. 黒板に何が書いてありますか。
2. 壁に美しい風景画がかけてあります。
3. 教室に電気がつけてあります。
4. 建物の窓が開けてあります。
5. かばんは机の下においてあります。

unit 13

1. コーヒーが飲みたいです。
2. コンピュータを勉強したいです。
3. 李さんはだれと会いたいですか。
4. 妹は、来年日本へ行きたがっています。
5. 私の友だちは、日本人の女友だちとつき合いたがっています。

unit 14

1. 私は最新型のコンピュータがほしいです。
2. 高橋さんは何がほしいですか。
3. あのジェットコースターに乗りたいです。
4. 新婚旅行はどこに行きたいですか。
5. 私は庭のある美しい一戸建ての家がほしいです。

unit 15

1. 用事があるので、はやく帰ります。
2. 気分が悪いので、はやく帰ってもいいですか。
3. 熱がありますから、どこにも行きません。
4. おなかが痛いですから、薬を飲みます。
5. ゆうべ、あんなにたくさん飲んだからだよ。

unit 16

1. 彼は何時に来ますか。
2. 近くに散歩に行きます。
3. 学校へ行くとき、バスに乗って行きます。
4. デパートは駅の前にあります。
5. 私は鈴木先生に日本語を習いました。

unit 17

1. どこで食事をしましょうか。
2. この用紙にボールペンで書いてください。
3. この容器は何でつくりましたか。
4. このりんごは、10個でいくらですか。
5. 佐藤さんは、かぜで会社を休みました。

unit 18

1. テレビをつけたまま部屋を出た。
2. カギをかけないまま外出した。
3. 10年ぶりに会ったけど、彼は昔のままだった。
4. エアコンをつけたままで寝るとかぜをひきます。
5. ガスをしめないまま学校へ来てしまいました。

unit 19

1. これはばらという花です。
2. 宮崎駿という監督を知っていますか。
3. 中野さんという方から電話がありました。
4. きのう「ラブレター」という映画を見た。
5. 弟が大学に合格したという知らせを受けた。

unit 20

1. あの人たちは何をしていますか。
2. 先生方は全員博士です。
3. 子どもたちはきれいに列を作っています。
4. こんな本は全部捨ててください。
5. ネティズンたちは掲示板に抗議の文を書きました。

unit 21

1. 白か黒かはっきりしてください。
2. 進学か就職かで悩んでいます。⇒ ここに日本語の名詞的表現の例が見られる。
3. 夏休みは、香港か台湾に行きたい。
4. 時間は、午前か午後か、都合のいいように決めてください。
5. 2次会は、カラオケに行くか、もう少し飲むか、どちらがいいでしょうか。

unit 22

1. 日本語をどのくらい勉強しましたか。
2. 来年の9月ごろに日本へ行きます。
3. この仕事をするのに、どれぐらいかかりましたか。
4. コーヒーを飲むくらいなら、ジュースを飲むほうがましだ。
5. たばこぐらい体に悪いものはない。

unit 23

1. 会議の前に資料を準備します。
2. 昼ごはんを食べる前に、もう少し練習しましょう。
3. 寝る前にシャワーを浴びます。
4. 二十歳になる前には、お酒はだめです。
5. 大学を卒業する前に、友だちといっしょに国内旅行をしたい。

unit 24

1. 本を読むのがすきです。
2. 高橋さんは、話すのがはやいです。
3. レポートを出すのを忘れてしまいました。
4. みんないっしょに食事するのは、楽しいです。
5. 仕事をしたあと泳ぐのは、気持ちがいいです。

unit 25

1. このプールで泳げますか。
2. 私は日本語をすこし話せます。
3. 日本語で電話がかけられますか。
4. 私はまだフォトショップを使うことができません。
5. ひらがなは書けますが、カタカナは書けません。

unit 26

1. レポートを書こうと思います。
2. たばこをやめようと思っています。
3. 日曜日は、友だちといっしょに東京タワーに行こうと思います。
4. エンジニアになろうと思っています。
5. 来週、先生のところに相談に行こうと思います。

unit 27

1. 掃除をしたり、洗濯をしたりします。
2. 出たり入ったりしないでください。
3. 消したりつけたりします。
4. 夜、宿題をしたり手紙を書いたりします。
5. 日本語を勉強したり友だちとしゃべったりします。

unit 28

1. 病院に行ったほうがいいですよ。
2. かさをもっていったほうがいいですよ。
3. 1時間以上コンピュータをしないほうがいいです。
4. じゃ、すぐ薬を飲んだほうがいいです。
5. きょうは風呂にはいらないほうがいいです。

unit 29

1. カタカナが書けるようになりました。
2. なんでも食べられるようになりました。
3. コンピュータの操作ができるようになりました。
4. 隣りの家の子どもが最近まともに挨拶するようになった。
5. 赤ちゃんが1歳の誕生日を過ぎて、やっと乳離れするようになりました。

unit 30

1. かぜをひかないように、セーターを着ます。
2. 親が心配しないように、手紙を書きます。
3. かならず時間を守るようにしてください。
4. 毎週水曜日にレポートを提出するようにしましょう。
5. 危険ですから機械の操作をまちがわないようにしてください。

unit 31

1. 私はたばこをやめるつもりです。
2. 30歳までには結婚するつもりです。
3. 死んだつもりでいっしょうけんめい勉強しました。
4. これからもっといっしょうけんめいコンピュータ技術を学ぶつもりです。
5. 私はそんなことを言ったつもりはありません。

unit 32

1. 海外旅行をするためにアルバイトをしています。
2. 家を買うために朝から晩まで働いています。
3. 人気歌手の公演を見るために、徹夜して並んだ。
4. 暑さのために家畜がたくさん死んだ。
5. 事故のため現在5キロも渋滞です。

unit 33

1. てんぷらを食べたことがありますか。
2. 新幹線に乗ったことがありますか。
3. 日本人の家に泊まったことがありますか。
4. 日本の伝統芸能の歌舞伎を見たことがあります。
5. 秋葉原でショッピングをしたことがありますか。

unit 34

1. いま帰ってきたところです。
2. いまお風呂にはいっているところです。
3. 友だちはすこし前にでかけたところです。
4. 私もあなたに電話しようと思っていたところです。
5. ただいま電話番号を調べているところですから、しばらくお待ちください。

unit 35

1. はいってもいいですか。
2. はい、いいです。
3. ちょっと遅れてもいいですか。
4. 失礼ですが、ここに座ってもいいですか。
5. ここには、夕方8時から朝5時まで駐車してもいいです。

unit 36

1. 遅刻してはいけません。
2. このコンピュータを使ってはいけません。
3. 酒を飲んで運転してはいけません。
4. 一度や二度の失敗であきらめてはならない。
5. a) あそこになんと書いてありますか。
   b)「芝生に入ってはいけない」と書いてあります。

unit 37

1. ボールペンで書かなければなりません。
2. そろそろ帰らなければいけません。
3. 大衆交通手段を利用しなければなりません。
4. 日本でどのくらい実習しなければなりませんか。
5. いつまでにこの本を返さなければなりませんか。

unit 38

1. レポートを出さなくてもいいです。
2. 会社に電話をかけなくてもいいです。
3. このお金は、返さなくてもいいです。
4. 時間はじゅうぶんにあるから、そんなに急がなくてもいいです。
5. 入学手続きは、かならずしも本人が行かなくてもいいです。
   (かならずしも～ないの 패턴)

unit 39

1. あさっては雪が降るかもしれません。
2. 彼は病気かもしれません。
3. これからだんだん暑くなるでしょう。

4. 道路が込んでいますから、間に合わないかもしれません。
5. まだ仕事が終わりませんから、パーティには行けないかもしれません。

unit 40

1. 会議があるかどうか知っていますか。
2. 新しい授業が何時からか知っていますか。
3. それがほんもののお金かどうかあやしい。
4. あの人とはいつか会ったことがある。
5. その映画がおもしろいかどうかは、見てみないとわからない。

unit 41

1. 5に3を足すと8になる。
2. 雨が降ると、水かさが増えます。
3. 酸素と水素を混ぜると水になります。
4. うちに帰ると、日本から手紙が来ていた。
5. まっすぐ行って右に曲がると図書館があります。

unit 42

1. 冬になれば 雪がふる。
2. 愛犬のポピーは、主人の顔を見ればとんでくる。
3. こんなに安ければ、きっとたくさん売れると思います。
4. こんどの日曜日、天気がよければハイキングに行こうよ。
5. 15年ほど前には、街から少し離れれば、いくらでも自然が残っていた。

unit 43

1. 暇があったら、海外旅行をしたい。
2. 酒を飲んだら、車の運転はするな。
3. 宝くじにあたったら、何がしたいですか。
4. もしも遅れたら、電話してください。
5. 空港に着いたら、友だちが迎えに来ていた。

unit 44

1. 海外旅行なら、スイスですよ。
2. 先生のケータイ番号なら、知ってますよ。

3. 日本でお土産を買うなら、日本人形がいいですよ。
4. 電話をするなら、お昼ごはんの後がいいです。
5. 君がスキークラブに入るなら、ぼくも入るよ。

unit 45

1. これで書いてみてください。
2. 熱を測ってみましょう。
3. あの人は行ってしまいました。
4. コンサートへ行く前に、切符を買っておきます。
5. 一度やってみて、だめならやり直してみればいいですよ。

unit 46

1. このまま歩いて行きましょう。
2. このプロジェクトを3年間進めてきました。
3. 東の空がだんだん明るくなってきました。
4. 大学を卒業しても、日本文学を研究していきたいです。
5. 年をとるにつれて、体の動きがだんだん鈍くなってきました。

unit 47

1. 台風なのに、彼らはつりに出かけた。
2. お金もないのに、そんな大きな車を買うんですか。
3. 計算結果を何度も確かめたのに、間違ってしまった。
4. キムさんは学生なのに、遊んでばかりいます。
5. プロフェッショナルなのに、そんな簡単なことも知らないんですか。

unit 48

1. 学生だし、金もないし、ラーメンにしましょう。
2. 寒いし、疲れたし、きょうはこの街に泊まろう。
3. メニューも多いし、それに味もいいですから。
4. そろそろ帰るか、日も暮れたし、、、。
5. 教授陣もそろっているし、設備もいいので、この学校に決めました。

unit 49

1. 新聞によると、日本で大地震があったそうです。

2. キムさんによると、今年はグリーンが流行するそうです。
3. 情報によると、コンピュータウィルスが猛威を振るっているそうです。
4. ニュースによると、テロ対策のため、政府はたくさんの予算を当てるそうです。
5. 日本人の友だちによると、最近日本ではシルバーバンドが大人気だそうです。

unit 50

1. 雨が降りそうですね。
2. 学生たちが楽しそうに話しています。
3. 元気そうで何よりです。
4. ショッピングバッグが破れそうですよ。
5. 網棚のかばんが落ちそうですね。

unit 51

1. 廊下にだれかいるようですね。
2. 鈴木さんの奥さんは美人のようですよ。
3. あの病院は、ガンの治療で有名なようですよ。
4. この薬、かなり効いているようだな。
5. この教科書で勉強をはじめてから、だんだん実力がついてきているようです。

unit 52

1. 赤い顔をしてますね。
   ええ、熱があるんです。
2. きのう、どうして休んだの?。
   家を出るとき、急にお腹が痛くなったんです。
3. ぼく、あした来ないよ。約束があるんだ。
4. そうか。このスイッチを押せばいいんだ。(発見)
5. 私が作ったんですけど、どうぞ。

unit 53

1. 佐藤さんに誕生日のプレゼントをあげました。
2. きのう、駅でおばあさんの荷物をもってあげました。
3. ぼくが代わりに行ってあげようか。
4. 先週の授業のとき、キムさんに辞書を貸してあげました。
5. 迷子を見つけたので、母親のところにつれていってあげました。

unit 54

1. 母がハンドバッグを買ってくれました。
2. 兄がドイツ語の辞書を貸してくれました。
3. となりにいた人が私の荷物をもってくれました。
4. 日本人の友だちが不動産屋さんへいっしょに行ってくれました。
5. 田中教授が、論文に関する資料を速達便で送ってくださいました。

unit 55

1. 留学のときの友だちに、ハガキをもらいました。
2. 一人で行けないので、野村さんにいっしょに行ってもらいました。
3. 肩がこっていたので、友だちにもんでもらいました。
4. バイト先で、先輩にいろいろ仕事のやり方について教えてもらいました。
5. 日本語で手紙を書いたのですが、間違ってないかどうか先生に見てもらいました。

unit 56

1. この本は、2010年に出版されました。
2. この瓦はどこで発見されたものですか?。
3. この橋はいつ作られたものですか?。
4. 隣の人に家を建てられて、日光が入らなくなりました。
5. 父に死なれて、母がとても苦労しました。

unit 57

1. 子どもに薬を飲ませました。
2. 先生は、学生にレポートを出させました。
3. 李さんは周りの人を笑わせました。
4. みなさん、親を悲しませないようにしましょう。
5. 友だちを泣かせたりしてはいけませんよ。

unit 58

1. 先生に漢字を200個も書かせられました。
2. 先輩に部屋の掃除をさせられました。
3. 気がすすまなかったけど、無理やり山に登らされた。
4. 宿題をしてこなかった生徒らは、グラウンドを10周走らせられた。
5. 捕虜になった人々は、極寒の中で強制的に働かせられました。(働かされました)

unit 59

1. はやく起きろ。
2. 手をあげろ。
3. 相手の弱点を攻撃しろ。
4. いちいち聞かないで自分で解決しろ。
5. 部屋が散らかっているね、きちんと整理しろ。(きちんと整理しなさい)

unit 60

1. 新幹線がゆっくりと動きだした。
2. 勉強しはじめて10分もたたないのに、もうやめるんですか。
3. このテーマに取り組みはじめて今年で3年になる。
4. ジェットコースターが動きだすと、後ろの席から悲鳴が聞こえてきた。
5. プロペラが回り出すと、ヘリコプターは空に浮きはじめた。

unit 61

1. 熱が39度もあるからです。
2. 若者たちが団結したからです。
3. おもしろい質問をたくさんしたからです。
4. ワールドカップでベスト4になったからです。
5. スピーカーを買わなかったのは、お金が足りなかったからです。

unit 62

1. この茶碗の重さはいくらですか。
2. ふるさとの山々の美しさは、ことばでは表現できません。
3. 5日たって、傷の痛みはほとんどなくなった。
4. 日本へ留学したときの人々の親切さは、今でも忘れられない。
5. この小説は現実的でありながら、軽みがあって、とてもおもしろい。

unit 63

1. 玄関の外で変な音がするよ。
2. 暖房のない部屋で仕事をしていたら、寒気がしてきた。
3. こんなニュースを見ると、身震(みぶる)いがするね。
4. あのとがった形をした岩が、すごく魅力的だね。
5. 外資系の会社に入って、彼は青い目をした女性と付き合いはじめた。

unit 64

1. 何も食べずに学校へ行った。
2. 宿題もせずに遊んでいる。
3. 彼は学校へ行かずゲームセンターへ行った。
4. わき目もふらず勉強している彼は、ほんとうにすごい。
5. 今はまだ人生を語らず。(歌のタイトル)

unit 65

1. コーヒー、冷めないうちにどうぞ。
2. 暗くならないうちに、あの村まで行きましょう。
3. 赤ちゃんが目を醒まさないうちに、家計簿をつけました。
4. 講義が終わらないうちに、必ずこの質問をしよう。
5. いいアイディアは、忘れないうちにすばやくメモしないといけません。

unit 66

1. ゆうべ、飲みすぎました。
2. 仕事のしすぎで病気になった人も多い。
3. 予算を使いすぎて、もうほとんど残っていない。
4. 運動をしすぎると、かえって体に悪いですよ。
5. パーティーへ行って食べすぎないように気をつけてください。

unit 67

1. 辺りはとても春めいてきました。
2. 彼は怒りっぽくて困る。
3. あの赤っぽいセーターを取ってください。
4. そんな皮肉めいたことばを言わないでください。
5. 最近、だんだん忘れっぽくなってきました。年のせいかもしれません。

unit 68

1. この地図、大きくて見やすいですね。
2. もっと見やすいところに場所を変えましょう。
3. 慣れないベットで、ゆうべはとても寝にくかった。
4. このボールペン、先端のところがつるつるしていて書きやすいですね。
5. 動かしがたい事実を前に、犯人は首をたれた。

unit 69

1. そのことは世界中の人が知っています。
2. いま開催中のゲーム展示会は、ものすごい人気です。
3. テロによる攻撃は、世界中の人の関心をひいた。
4. きのうは一日中何もしないで、家の中でごろごろとすごした。
5. 会議中なので、携帯の音を、マナーモードに切り替えてください。

unit 70

1. テレビがほこりだらけですね。
2. 信用カードのため、彼女は借金だらけの生活をしている。
3. 事故現場のビルの下から、血まみれの人が運び出された。
4. 昔、「傷だらけの人生」なんていう映画があったね。
5. 子どもたちは、夕日の傾く干潟で泥まみれになって遊んでいた。

unit 71

1. あしたは晴れるらしい。
2. いよいよ春らしい季節だね。
3. 日本で大きい地震があったらしいよ。
4. そんなわざとらしいことを言わないでくださいよ。
5. 子どもは子どもらしく、素直に言うことをきくものだよ。